O PODER DE
IR ALÉM

CB031953

*VOCÊ ESTÁ APENAS A UM PENSAMENTO, UMA DECISÃO
E UMA AÇÃO DE LEVAR A VIDA QUE MERECE*

O PODER DE
IR ALÉM

ED MYLETT
EMPREENDEDOR E PALESTRANTE MOTIVACIONAL

ALTA BOOKS
GRUPO EDITORIAL
Rio de Janeiro, 2023

O Poder de Ir Além

Copyright © 2023 da Starlin Alta Editora e Consultoria Eireli.

ISBN: 978-85-508-1956-3

Translated from original The Power of One More. Copyright © 2022 by Ed Mylett. ISBN 978-1-119-81536-5. This translation is published and sold by permission of John Wiley & Sons, Inc., the owner of all rights to publish and sell the same. PORTUGUESE language edition published by Starlin Alta Editora e Consultoria Eireli, Copyright © 2023 by Starlin Alta Editora e Consultoria Eireli.

Impresso no Brasil — 1ª Edição, 2023 — Edição revisada conforme o Acordo Ortográfico da Língua Portuguesa de 2009.

Dados Internacionais de Catalogação na Publicação (CIP) de acordo com ISBD

M997p   Mylett, Ed

     O Poder de Ir Além: O Guia Definitivo Para a Felicidade e o Sucesso / Ed Mylett ; traduzido por Renata Vetorazzi. - Rio de Janeiro : Alta Books, 2023.

     256 p. ; 15,7cm x 23cm.

     Tradução de: The Power of One More

     ISBN: 978-85-508-1956-3

     1. Autoajuda. 2. Felicidade. 3. Sucesso. I. Vetorazzi, Renata. II. Título.

2023-470   CDD 158.1
                          CDU 159.947

Elaborado por Vagner Rodolfo da Silva - CRB-8/9410

Índice para catálogo sistemático:
1. Autoajuda 158.1
2. Autoajuda 159.947

Produção Editorial
Grupo Editorial Alta Books

Diretor Editorial
Anderson Vieira
anderson.vieira@altabooks.com.br

Editor
José Ruggeri
j.ruggeri@altabooks.com.br

Gerência Comercial
Claudio Lima
claudio@altabooks.com.br

Gerência Marketing
Andréa Guatiello
andrea@altabooks.com.br

Coordenação Comercial
Thiago Biaggi

Coordenação de Eventos
Viviane Paiva
comercial@altabooks.com.br

Coordenação ADM/Finc.
Solange Souza

Coordenação Logística
Waldir Rodrigues

Gestão de Pessoas
Jairo Araújo

Direitos Autorais
Raquel Porto
rights@altabooks.com.br

Assistente Editorial
Patricia Silvestre

Produtores Editoriais
Illysabelle Trajano
Maria de Lourdes Borges
Paulo Gomes
Thales Silva
Thiê Alves

Equipe Comercial
Adenir Gomes
Ana Claudia Lima
Andrea Riccelli
Daiana Costa
Everson Sete
Kaique Luiz
Luana Santos
Maira Conceição
Natasha Sales
Pablo Frazão

Equipe Editorial
Ana Clara Tambasco
Andreza Moraes
Beatriz de Assis
Beatriz Frohe
Betânia Santos

Brenda Rodrigues
Caroline David
Erick Brandão
Elton Manhães
Gabriela Paiva
Gabriela Nataly
Isabella Gibara
Karolayne Alves
Kelry Oliveira
Lorrahn Candido
Luana Maura
Marcelli Ferreira
Mariana Portugal
Marlon Souza
Matheus Mello
Milena Soares
Viviane Corrêa
Yasmin Sayonara

Marketing Editorial
Amanda Mucci
Ana Paula Ferreira
Beatriz Martins
Ellen Nascimento
Guilherme Nunes
Livia Carvalho
Thiago Brito

Atuaram na edição desta obra:

Tradução
Renata Vetorazzi

Copidesque
Renan Amorim

Revisão Gramatical
Rafael Fontes
Kamila Wozniak

Diagramação
Rita Mota

Editora afiliada à:

Rua Viúva Cláudio, 291 — Bairro Industrial do Jacaré
CEP: 20.970-031 — Rio de Janeiro (RJ)
Tels.: (21) 3278-8069 / 3278-8419
www.altabooks.com.br — altabooks@altabooks.com.br
Ouvidoria: ouvidoria@altabooks.com.br

Dedicado ao homem que me ensinou

o verdadeiro significado de Ir Além,

meu pai, Edward Joseph Mylett Jr.

Sumário

Introdução

O PODER DE IR ALÉM É O RESULTADO DE UMA FI-LOSOFIA que venho desenvolvendo há mais de trinta anos.

Em essência, *O poder de ir além* é sobre estar disposto a fazer um circuito de exercícios a mais, uma ligação telefônica a mais, acordar uma hora mais cedo, estabelecer mais um relacionamento ou fazer uma coisa a mais dada a situação.

Você pode encontrar sua melhor versão "indo além" e fazendo algo a mais do que o mundo espera de você.

Escrevi *O poder de ir além* para que você transforme sua vida ao adotar estratégias efetivas que já usei várias vezes com sucesso. Ao viver uma vida Indo Além, é possível mudar completamente seus relacionamentos, finanças, emoções, a maneira como faz negócios, sua visão da vida e muito mais.

Você não nasceu para ser medíocre ou comum. Nasceu com o propósito de ir longe na vida. Tenho certeza.

O *poder de ir além* é um contrato vívido entre nós. É uma troca significativa de ideias e conhecimento. A depender de quem você é, o que estou prestes a ensinar o afetará de diferentes maneiras. Ao mudar sua forma de agir e pensar, encontrará respostas nas áreas mais importantes da sua vida.

A beleza disso é que, na maioria das vezes, as respostas são relativamente simples.

Mas, por vários motivos, você pode não ter sido capaz de vê-las ou encontrá-las por conta própria. Descobrir por onde começar pode parecer assustador. A maioria das pessoas acredita que há um milhão de coisas necessárias para mudar a própria vida. Nada poderia estar mais longe da verdade.

Aprendi, e você também aprenderá, que ir além e fazer uma coisa a mais é, muitas vezes, tudo o que é preciso. E, frequentemente, está a apenas um passo além de onde você está agora.

Comece INDO ALÉM.

Você está muito mais perto da mudança do que imagina. **Está apenas a um encontro, um relacionamento, uma decisão, uma ação ou um pensamento de levar a vida que merece. O *poder de ir além* o desafia a se tornar hiperfocado e dedicado a buscar o "além" em sua vida.** Quanto mais começar a vê-lo e, então, agir para realizá-lo, mais sua vida mudará.

Os pensamentos e ações individuais decididos não precisam ser profundos. No entanto, quando esses pequenos pensamentos e ações são empilhados uns sobre os outros, as mudanças resultantes ao longo do tempo *são* profundas.

Vou ensiná-lo a cumprir promessas feitas a si mesmo, criando um sistema interno de crenças de que está destinado a uma vida melhor do que a que tem agora. Ao implementar as estratégias para Ir Além, você viverá de acordo com um conjunto de princípios superior do da maioria.

Este não é apenas um livro de "como ser bem-sucedido nos negócios" ou "como ser bem-sucedido em seus relacionamentos", embora, para alguns, seja. Para a maioria, este livro terá várias aplicações. Pense neste livro **"como ser bem-sucedido em sua vida"**. Seu desafio é pegar essas estratégias e aplicá-las às áreas importantes da sua vida.

Não há palavras desperdiçadas nestas páginas, mas você se identificará com algumas partes deste livro mais do que outras. Certos princípios desafiarão seu modo de pensar, crenças e valores. E vários cairão feito uma tonelada de tijolos e mudarão sua vida para sempre. Elaborei propositalmente essas estratégias para serem universais. Você lerá sobre princípios aplicáveis a *todas* as pessoas em *todas* as áreas da vida.

É possível tirar lições de cada capítulo, seja um atleta de classe mundial, um CEO, uma estrela em rápida ascensão no mundo dos negócios, um pai ou um universitário. Alguns usarão este livro para transformar a própria vida completamente. Outros se concentrarão em insights que aprimorarão partes específicas que deixam a desejar ou são incômodas.

Estou confiante de que *O poder de ir além* ressoará com você porque, de muitas maneiras, somos parecidos. Não sou a mesma pessoa de quando comecei minha própria jornada de transformação. Assim como você, sofri muitas vezes. Entendo como é se preocupar com dinheiro, relacionamentos e propósito na vida. Sei o que é ter falta de confiança, entrar em um beco sem saída e me perguntar se algum dia serei feliz. Já fui muito mais do que pobre, a ponto de não conseguir pagar a conta de água do apartamento onde minha esposa e eu morávamos.

Enfrentei problemas de saúde.

Perdi pessoas próximas a mim.

E ao longo dos anos, **batalhei contra dúvidas, frustração, medo e ansiedade**.

Eu vivi sem ter as respostas. E, pior, estive em lugares onde não sabia que caminhos tomar para encontrar as respostas que tanto buscava.

Para aqueles que viveram em uma família estressante ou disfuncional, também sei como é. Mais adiante neste livro, falarei sobre os desafios pessoais que enfrentei ao ser criado por um pai que não só era alcoólatra, mas também meu herói, e como isso afetou minha autoestima.

Na verdade, uma das razões pelas quais me tornei tão proficiente em aprender a crescer é porque tive que crescer bastante. A verdade é que eu precisava aprender a crescer para que pudesse simplesmente ser funcional o suficiente para alcançar o mínimo.

A parte boa é que isso reforçou minha crença de que as pessoas podem mudar drasticamente suas vidas. Vi em primeira mão o quanto meu pai mudou ao longo dos anos.

Além disso, escrevi O *poder de ir além* porque, depois tantos anos de luta, tentativas e erros, aprendi o que é preciso para ter sucesso na vida. Paguei um preço, mas agora sei muitas das respostas do que é preciso para vencer.

Ao longo do caminho, também observei bons amigos e parceiros de negócios perseguirem o que achavam divertido à custa da vitória. Infelizmente, eles se distraíram e perderam de vista a magnífica sensação de vencer. Assim, gastaram muito mais tempo e energia tentando chegar a uma condição em que já poderiam estar.

Quando comecei, muitas vezes deixei a diversão de lado em favor da vitória. O irônico é que não demorou muito para descobrir que **vencer é divertido**. Na verdade, uma das citações pelas quais sou mais

conhecido é: "Vencer é mais divertido do que a diversão é divertida."
Quando terminar de ler este livro, espero que pense assim também.

Eu vivo de acordo com esses princípios há trinta anos, aplicando
o que aprendi para planejar a melhor vida possível. Meu objetivo com
O poder de ir além é ajudá-lo a identificar seus próprios talentos, dons e
habilidades e, em seguida, maximizá-los para o seu bem maior e o das
pessoas ao seu redor.

Muitos livros de autoaperfeiçoamento e desempenho que leio dizem a mesma coisa várias vezes. Não sei você, mas perco o interesse
após alguns capítulos. Eu propositadamente me propus a tornar *O poder de ir além* diferente nesse aspecto. As estratégias e filosofias que
compartilharei são únicas.

**O poder de ir além ensina a combinar seus dons a pensamentos
direcionados e intencionais, além de ações determinadas.** Fornecerá
os recursos necessários para produzir os padrões, metas e resultados
merecidos. Cada um dos princípios compartilhados nestas páginas funcionou muito mais do que seria capaz de imaginar nos meus sonhos
mais loucos. Mas sou humilde e ciente de que fui presenteado com uma
certa quantidade de sorte e bênçãos de Deus.

Você também tem sua própria versão desses mesmos dons. Mas,
como eu, precisará trabalhar e manter a mente aberta quando se trata
de fazer mudanças em sua vida. Em muitos casos, essas mudanças não
serão fáceis no início. Na verdade, quanto mais valioso for um objetivo
e quanto mais mudanças forem necessárias para alcançá-lo, mais resistência encontrará. Espere por isso — se planeje para isso. Ao se colocar
no estado de espírito certo e ser mentalmente forte, terá sucesso com
mais frequência do que teria normalmente.

O poder de ir além é o produto de muitos anos de como vivi, cresci
e mudei minha vida para produzir riqueza, felicidade e relacionamentos
significativos com as pessoas com quem me importo profundamente.

Quero compartilhar as lições que aprendi, para que você também possa viver sua melhor vida.

Leia O *poder de ir além* como se fosse uma chave que abrirá sua mente, e ficará surpreso como **um pensamento e uma ação além mudarão sua vida para sempre.**

Lembre-se: nós somos muito parecidos.

Se eu consigo, você também consegue.

Uma Identidade Além

Dizem que o tempo muda tudo, mas, na verdade, você precisa fazer a mudança por si mesmo.

— ANDY WARHOL

DE MUITAS MANEIRAS, MUDAR SUA IDENTIDADE É O CONCEITO MAIS FUNDAMENTAL do que é ser um pensador e realizador que Vai Além.

Sua identidade é um fator poderoso e influente que afeta o que acontece em todas as partes de sua vida. É ela quem define os limites do seu sucesso, finanças e realizações. Que controla a qualidade de suas emoções, relacionamentos e autoestima.

O que exatamente é a identidade? Defino-a como os pensamentos, conceitos e crenças que guardamos nas partes mais genuínas do nosso íntimo. É possível fingir ou agir de certa maneira para o resto do mundo, mas não se pode mentir para si mesmo quando se trata dessas coisas. **No fundo, todo mundo sabe o que é verdade sobre si mesmo e o que não é.**

Este é o paradoxo sobre a identidade. Muitas pessoas sabem que poderiam melhorar significativamente sua vida se mudassem. No entanto, não estão dispostas a tomar as medidas necessárias, mesmo em prol de si mesmas.

Está disposto a sacrificar quem você é por quem poderia ser? A resposta deve ser um sonoro "Sim!". Essa é uma conclusão lógica e parece óbvia, então é um mistério para mim por que muitas pessoas sentem dificuldade com essa questão fundamental. Você não foi colocado nesta Terra para ser um buraco em um tronco ou um pedaço de carvão no chão. Sua missão é crescer, expandir e aprender a levar uma vida plena e feliz. Quando fizer essas coisas, sua identidade mudará.

A identidade é importante, pois desbloqueia várias coisas incríveis em sua vida. Ao criar uma identidade de Ir Além, você se dá o dom de assumir o controle e ditar as mensagens internas em vez de ser governado por forças externas que minam sua felicidade, possivelmente desde o dia em que nasceu.

 ## Sua Identidade é Formada Cedo na Infância

Quando criança, você era um quadro em branco. Impressionável, feliz e livre de julgamentos.

Não tinha motivos para acreditar que o mundo externo queria prejudicá-lo de alguma forma. Aos poucos, aprendeu a viver no mundo com base no que foi ensinado por seus pais, familiares, amigos, professores e outras pessoas com quem entrou em contato.

Claro, muitas pessoas tinham boas intenções. No entanto, isso não significa que o que lhe ensinaram estava sempre certo. O fato é que **ninguém está sempre certo**. Quando criança, você aceitava muito do que lhe diziam, fosse certo ou errado. Sua identidade se tornou as partes boas e ruins da influência de outras pessoas. O lamentável é que você era indefeso. Suas habilidades de pensamento crítico não existiam para lhe dar as ferramentas necessárias para a sobrevivência no mundo.

À medida que crescia, começou a afirmar sua identidade. Se alguém lhe dissesse que não era um bom aluno ou era um péssimo atleta, isso se tornava parte de sua identidade. Você ainda não tinha a capacidade de negar o que estava sendo dito. Ao se tornar um adulto, trouxe consigo essas crenças. Sua identidade se enraizou. Suas limitações se tornaram parte de você e, por estarem tão enraizadas, nem sequer sabe de onde elas vêm.

É bastante peso para carregar por aí, não é?

Ao ter idade suficiente e ser capaz de questionar sua identidade, já vivia com a identidade que havia adotado em uma época em que não tinha escolha. Claro, isso pressupõe que você esteja ciente de como sua identidade o afeta. Muitas pessoas simplesmente passam pela vida, desajeitadas e malsucedidas e sem nunca saber bem o porquê.

No entanto, como um pensador que Vai Além, agora está ciente disso e **pode mudar sua identidade por se tornar intencional** quanto a isso. Veja como.

Ajuste o Termostato da Sua Identidade

Já falei brevemente sobre o termostato da identidade no passado, mas agora quero dar mais detalhes sobre como esse conceito pode funcionar para você.

Sua identidade é a força que rege sua vida e regula seus resultados. Pense nisso como um termostato. **Seu termostato interior rege suas condições de vida.**

Você entra em um ambiente e, se estiver muito quente ou muito frio, procura um termostato para ajustar a temperatura segundo suas preferências. Não importa quais sejam as condições externas. Pode estar 37°C lá fora, mas se o termostato estiver ajustado para 23°C, o ar-condicionado esfria a temperatura e regula o ambiente. O mesmo se aplica a quando está -1°C lá fora. O termostato entra em ação e aquece o cômodo a 23°C.

Sua vida funciona da mesma maneira. Se você é uma pessoa aos 23°C, liga o ar-condicionado na sua vida e a regula ao que acha que merece. Isso é o que acontece toda vez que seus resultados ultrapassam sua identidade. Você liga o ar-condicionado da sua vida inconscientemente e a esfria para o que acredita que merece.

Assim como o termostato, a identidade regula o amor-próprio. Ela regula suas ações e resultados. Muitas pessoas estão sob a falsa suposição de que fatores externos são o que regulam o termostato. Acreditam que ser promovido, se casar com o amor da sua vida ou obter um diploma na faculdade determinará a própria identidade.

Se você não elevar sua própria identidade, eventualmente ligará o ar-condicionado de sua vida mais cedo ou mais tarde, e essa temperatura cairá de volta aos 23°C, ou para outra temperatura que não deseja, puramente porque não tomou as rédeas e decidiu que identidade gostaria de ter.

No entanto, se o seu termostato estiver devidamente regulado, ele dominará as condições externas e você encontrará o seu sucesso, independentemente de quais elas sejam.

A verdade é que você é capaz de adquirir todos os talentos, habilidades e capacidades que desejar, mas até que eles se alinhem à sua identidade, essas metas não serão alcançadas. Isso se aplica a qualquer área.

Por exemplo, pense na sua identidade física. Vamos supor que você perdeu 10 quilos de uma vez só. Apesar de estar munido com as melhores receitas ou exercícios, um ano depois, recuperou todo esse peso de volta e está exatamente da maneira que começou. Isso porque, quando seu termostato de identidade física está definido aos 23°C, o que significa que está confortável em pesar 10 quilos a mais, por mais que tente, sempre voltará para os 23°C.

Mesmo que faça todas as ações corretas, como dietas e exercícios, se seu termostato interno não estiver ajustado para o sucesso e permanecer em 23°C, eventualmente voltará à configuração antiga do termostato, ao comer a comida errada ou abandonar a rotina de treinos intensa. Usará as circunstâncias externas para encontrar maneiras que o levarão às circunstâncias internas que acredita que merece.

Veja outro exemplo. Talvez você esteja indo bem financeiramente, mas parece que não consegue chegar ao próximo nível de riqueza que acha que merece. O objetivo são US$10 milhões no banco. No entanto, enquanto não regular seu termostato para acreditar que sua identidade vale US$10 milhões, mesmo que ganhe esse dinheiro, seu termostato retornará para o que sua identidade acredita que merece. Pode levar alguns anos, mas, eventualmente, a menos que exista mudança no termostato interno, você começará a sofrer empecilhos financeiros.

Você provavelmente já passou por esse tipo de situação e muitas outras antes.

Não faltam informações, ensinamentos ou caminhos para o sucesso em qualquer área da vida. Sendo assim, as barreiras para o sucesso estão dentro de você. É por isso que, apesar de fazer todas as coisas certas, ainda assim não obtém os resultados desejados.

Lembre-se disso! De maneira inconsciente, sempre voltaremos à temperatura que achamos que merecemos.

Em resumo, **você não alcançará os 37°C de condicionamento físico ou riqueza com um termostato em 23°C.** Ele o restringirá até que crie uma identidade, capaz de provocar mudanças e crescimento pessoal.

Isso não quer dizer que o sucesso seja inalcançável, porque em muitos casos, ele é. No entanto, a menos que ajuste sua identidade, seu termostato o levará de volta, no futuro, para onde ela está definida.

Normalmente, a maioria das pessoas culpa forças externas quando do isso acontece. Esses exemplos soam familiares para você?

> *Machuquei minha coluna e não pude ir para a academia por dois meses, então perdi o interesse em malhar.*
>
> *A economia deu um giro e perdi dinheiro para caramba com as ações, então desisti do meu sonho de ter US$10 milhões.*

Se o seu termostato não estiver regulado em uma temperatura agradável, verá esses resultados como coincidências, carma ou má sorte que conspiram contra você. Mas não é isso que eles são. Se o termostato estiver regulado, não são muito mais do que imprevistos temporários.

No entanto, a diferença entre ser uma pessoa que Vai Além e os outros, é que você os enxerga como lombadas no caminho para chegar aos seus objetivos. **Não usará imprevistos temporários como uma desculpa para criar fracassos permanentes.** Terá a coragem necessária para gravitar até a temperatura na qual o seu termostato está definido e, eventualmente, a alcançará.

Lembre-se: como uma pessoa que Vai Além, a mudança vem ao pensar e agir. Este livro não é sobre fazer uma coisa ou outra. **É preciso fazê-los juntos.** Ao pensar e agir em conjunto, seu termostato não baixa. Em vez disso, você se posiciona para regular seu termostato e obter os resultados que merece.

A Trilogia da Mudança de Identidade

Ao aceitar o conceito de que mudar sua identidade é a chave para mudar sua vida, a pergunta se torna: "Como reajustar meu termostato e criar uma identidade?" Esse processo está ancorado a uma trilogia de princípios centrais: fé, intenções e associações.

Fé

De acordo com Mateus 17:20–21: *"Porque em verdade vos digo que, se tiverdes fé como um grão de mostarda, direis a este monte: Passa daqui para acolá, e há de passar; e nada vos será impossível."*

Nada move montanhas como a fé. O mesmo se aplica a mover o termostato para mover também sua identidade a um novo local. Se você é uma pessoa de fé, quer pratique o cristianismo, budismo, hinduísmo, islamismo, judaísmo ou qualquer outro ensinamento baseado na fé, fundamentalmente, acredita que seu Deus o ama.

Como parte da minha fé, acredito que venho do DNA mais extraordinário do mundo: o DNA de Deus. Em extensão, também acredito que Ele não me fez à Sua imagem para viver com um termostato ajustado em 23°C. Meu Deus, e sua divindade espiritual, também, nos criou para viver uma vida plena baseada na fé com um termostato ajustado em 37°C.

Muitas pessoas levam uma vida em função de uma doutrina, mas quantas dizem que têm Deus e fé em todas as partes de suas vidas? Várias das que conheço leem a Bíblia, vão à igreja e são pessoas bondosas e amorosas. Mas estendem a própria fé a crenças sobre aptidão pessoal, finanças, relacionamentos e negócios? Em muitos casos, a resposta é "Não".

Uma das chaves para mudar sua identidade é deixar a fé mover montanhas em *todas* as partes da sua vida.

Intenções

> *Quando nossas ações tomam boas intenções como base, nossa alma não se arrepende.*
>
> — Anthony Douglas Williams

Conheço muitas pessoas que constantemente se culpam pelo lugar em que estão na vida, em vez de se dar o crédito pelas intenções de mudar para uma nova identidade. Se isso soa como você, estará apenas reforçando sua identidade atual — sua vida de 23°C.

Essas reclamações soam familiares?

Me consideraria mais se tivesse conseguido essa promoção.

Minha vida está uma bagunça desde que me divorciei há três anos.

Sou um fracasso, pois tive que pedir falência durante a pandemia.

Você não melhora quando faz isso. É uma abordagem de perdedor em relação à vida. Não é justo com a pessoa que mais importa — você!

Pensar dessa maneira cria uma espiral descendente, e quanto mais descer, mais difícil será sair dela e criar uma identidade. Aceitará a frustração. Perderá a vontade de estar perto de pessoas. E, francamente, a maioria das pessoas não desejará estar perto de você.

Em vez de azedar a vida, **mude seu roteiro**. Diga a si mesmo que pretende fazer o bem e servir. Que pretende criar um negócio próspero e ter dinheiro no banco. Que pretende tratar as pessoas ao seu redor com cuidado e que é digno de um relacionamento amoroso e acolhedor. **Aplique boas intenções a todas as partes da sua vida e observe o que acontece.**

Suas intenções definirão sua mente para trabalhar em criar uma identidade. **Seu cérebro funciona de acordo com o que é dito.** Ao dizer a ele o que deseja atrair, você cria mensagens internas que alimentarão as partes boas do seu ser e se manifestarão em uma nova identidade ao longo do tempo. As intenções são a moeda que lhe permite fazer depósitos em seu "banco de identidade" em vez de participar daquele banco que eventualmente o levará à falência de identidade.

Associações

Considere as palavras de T. F. Hodge: "*O que nos rodeia é aquilo que está dentro de nós.*"

Você não permanecerá aos 23°C se conviver com pessoas de 37°C.

Por meio da proximidade, você absorverá características, ações e crenças das pessoas com quem se associa. Consciente e inconscientemente, o conhecimento e as ideias delas se tornarão parte do seu ser.

É por isso que é necessário procurar associações de qualidade que possam, direta ou indiretamente, ajudá-lo a se tornar a pessoa de 37°C que você deveria ser.

O lado ruim é que, se quiser regular seu termostato e mudar sua identidade, talvez precise dizer adeus a muitas das pessoas de 10°C em sua vida.

Sim, sei que isso pode ser uma coisa difícil. **Até liberar espaço em sua vida para as associações certas, ficará atolado em relacionamentos que ultrapassaram o seu propósito e o impedem de seguir em frente.** Não digo que seja fácil, mas que, muitas vezes, é necessário fazer isso.

A outra forma de enxergar essa questão é, em vez disso, **rejeitar o comportamento de 10°C de outras pessoas e regular o termostato**

delas. É uma abordagem especialmente viável ao lidar com familiares ou amigos de longa data, pois dizer adeus pode ser difícil.

Em resumo, você é um reflexo das pessoas com quem se associa. Ao se associar com aquelas que o elevam e fazem seu termostato subir, estará no caminho certo da mudança para uma nova identidade.

Uma vez munido da consciência da Trilogia, só será possível avançar ao ajustar o nível de autoconfiança necessário para mudar sua identidade.

Autoconfiança É o Fator de Ligação

No Capítulo 12, darei mais detalhes sobre hábitos, mas a autoconfiança e como ela se relaciona com a identidade são conceitos cruciais que devem ser reiterados.

A primeira coisa a saber é que **identidade é diferente de autoconfiança**. Identidade é o quanto acredita que merece. Seu termostato interno. A autoconfiança é o meio para realizá-lo.

Pessoas autoconfiantes compartilham um hábito em comum, que é **a habilidade de cumprir as promessas feitas a si mesmas**. Ao possuir esse hábito, estará no caminho da autoconfiança.

Ela também é uma forma de **crer em si mesmo**, e caso seja incapaz de acreditar nisso, é preciso pensar muito sobre sua vida.

Além disso, se você for tímido, não agirá. Se tiver dúvidas, ficará paralisado de medo. **Dúvidas são o resultado de fatores externos à sua vida.** São incubadoras de pensamentos negativos. Quando crescem, controlam *todos* os pensamentos, e a mente caminha para lugares improdutivos e prejudiciais.

É por isso que você deve **proteger seus pensamentos**. Remova as ervas daninhas mentais que ameaçam dominar as partes boas de sua psique. Talvez não consiga eliminar todas, e está tudo bem. A autoconfiança não significa acabar com o medo ou a timidez. É sobre seguir em frente mesmo assim, por causa dos acordos que fez consigo mesmo.

Outro ponto crítico é que a **autoconfiança vem de dentro**. E por ser uma emoção interna, é possível escolher as cartas que estão a seu favor.

Ralph Waldo Emerson ilustrou isso da seguinte forma: "*O que está atrás de nós e o que está a nossa frente são coisa pouca em comparação com o que está dentro de nós.*"

Reflita sobre isso. **Você é o único capaz de dizer o quanto de autoconfiança deseja. Ao quebrar acordos internos, estará brigando apenas consigo mesmo.** Se isso soa um pouco louco, é porque é. Não é preferível economizar energia para outras batalhas que está travando?

Como a maioria das coisas na vida, ao manter uma promessa para si mesmo, **o primeiro passo é sempre o mais difícil.** Garanto que, uma vez que sua linha de pensamento sair dessa estação, encontrará o impulso necessário para agir. Verá resultados à medida que desenvolve uma nova identidade. Eles serão o combustível que mantém o trem nos trilhos.

O oposto da autoconfiança é a autossabotagem. É como um vírus de computador que se esconde dentro dos outros, e só é acionado ao tentar seguir em frente com uma parte importante da sua vida. A autossabotagem desperta o desânimo e a dúvida, os inimigos mortais da autoconfiança.

O fundador da Farnham Street Media, Shane Parrish, descreveu perfeitamente como essas coisas podem prejudicá-lo: "*O otimismo talvez não o torne vitorioso, mas o pessimismo se assegurará do seu fracasso.*" **Ao se autossabotar, diminuirá seu termostato e negará a si mesmo a felicidade que entraria em sua vida.**

Talvez esse seja você. Talvez seja alguém que conhece. Algumas pessoas simplesmente têm um talento especial para receber um dom e, depois, encontrar uma maneira de minar o resultado. A pior parte é que parecem repetir esse tipo de coisa diversas vezes. São rotuladas de "desajeitadas" ou de pessoas que ainda não se endireitaram. Na realidade, **elas apenas ajustaram o próprio termostato ao que consideravam digno delas**.

Quantas vezes viu alguém que conhece encontrar a mulher ou o homem dos sonhos, apenas para traí-los, ser desagradável, inapropriado ou puramente rude? Conhece pessoas que conquistaram uma pilha de dinheiro, mas, depois, em uma farra autodestrutiva, usaram drogas e álcool, gastaram de forma imprudente ou desperdiçaram sua riqueza no jogo? A maioria de nós também já ouviu lições de moral sobre atletas profissionais que não treinam ou comem bem ou que exageram nos vícios e, em alguns casos, isso lhes custa a vida. **Eles são todos culpados de autossabotagem porque a falta de disciplina é uma falta de autoconfiança que não combina e apoia a própria identidade.** Seu termostato interno não corresponde ao sucesso inicial que tiveram. Eventualmente, ele é reiniciado e a pessoa volta para onde foi determinado que ela deveria estar.

É triste quando isso acontece, pois não precisa ser assim.

Este é um exercício que uso para destruir a autossabotagem, o desânimo e a dúvida: presto atenção quando tenho um pensamento de autossabotagem. Registro-o mentalmente. Então, visualizo e me vejo riscando-o. Na primeira vez que faço isso, ainda o verei lá. Então faço isso repetidamente, quantas vezes forem necessárias, até que não possa mais vê-lo de tão riscado e apagado que está. Quando chego a esse ponto, ele é arrancado da minha mente. Minha mente não vive mais com isso, e **aquele pensamento perde seu poder limitador sobre mim**.

Para se alinhar com sucesso à sua Identidade de Ir Além, é necessário manter as promessas certas a si mesmo. Elimine as negativas e crie um ambiente onde a autoconfiança se torna uma ferramenta em vez de mais uma coisa a ser temida.

Agora que sabe mais sobre como a autoconfiança e a identidade trabalham juntas, é hora de olhar para os equívocos que podem distorcer o pensamento adequado.

Equívocos a Respeito da Autoconfiança e Identidade

Reconheça e rejeite esses equívocos para fortalecer sua busca por uma nova identidade:

- **Sou aquilo que tenho.** Muitas pessoas relacionam a autoconfiança e identidade às suas posses. Fazem a suposição equivocada de que quanto mais adquirirem, maior será sua autoconfiança e mais perfeita será sua nova identidade.

  Esse não é o caso. É uma abordagem vazia.

  Não há absolutamente nada de errado em adquirir coisas materiais. Seria hipócrita se lhe dissesse isso. O que não faço é vincular posses e riqueza material com autoconfiança e identidade. De modo consciente, os mantenho separados, e você também deveria.

- **Sou aquilo que conquisto.** Esta é uma armadilha horrível para cair, porque, para se sentir bem com sua autoconfiança e identidade, você terá a necessidade insaciável de continuar obtendo conquistas durante toda a vida.

  Seja simples. Você é você. Colocado nesta Terra para ser grande, mas **alimentar seu ego é uma armadilha perigosa**. Não se impeça de tentar. Atinja suas metas. Só não fique tão preso em dar tapinhas nas suas próprias costas a ponto de perder a humildade que deveria ter. Lembre--se: tudo pode sumir em um instante. E se usar conquistas como muleta para sua autoestima, essa queda será longa, isso eu garanto.

- **Sou aquilo que dizem sobre mim.** Falso. A essência da auto-confiança e da internalização da busca por uma nova iden-tidade vai contra essa crença. Esqueça os afagos no ego. Não baseie seu valor em corações e curtidas em redes sociais. Não implore por elogios. Essa é uma maneira baixa e ca-rente de viver sua vida. Ao fazer isso, alcançará o contrário na busca pela melhoria da autoconfiança e da criação de uma nova identidade.

- **Sou aquilo que minha aparência reflete.** Muitas pessoas caem na armadilha do que acreditam que a beleza deveria ser. Isso é verdade principalmente no caso das mulheres, bombardeadas por programas de televisão, blogs, podcasts, mídias sociais e revistas, todos com foco extremo na beleza externa.

  A verdade é a seguinte: **a beleza real vem de dentro**. Ela vem da sua alma, intenções, ações com o mundo, crenças, de um coração bondoso e de como trata as pessoas. Não é ruim melhorar sua saúde, perder peso, vestir roupas bonitas e atentar-se à sua aparência. O truque é **fazer isso para si mesmo e por mais ninguém**. Lembre-se: você é definido pelo caráter e não pelo reflexo no espelho do banheiro.

Como um pensador que Vai Além, sua identidade é fundamental para definir quem você é. Use a Trilogia e aplique autoconfiança para encontrar a temperatura certa no termostato da sua identidade. Ao fazer isso, estará no caminho certo, não apenas para criar sua melhor versão, mas também para viver sua melhor vida.

2

Viver em Sua Matrix Além

Esta é sua última chance. Depois não há como voltar. Se tomar a pílula azul a história acaba, e você acordará na sua cama acreditando no que quiser. Se tomar a pílula vermelha ficará no País das Maravilhas, e eu te mostrarei até onde vai a toca do coelho.

— MORPHEUS, MATRIX

SOU UM GRANDE FÃ DE MATRIX. Não só foi um filme inovador quando foi lançado em 1999, como também está repleto de lições para Ir Além. Se ainda não viu *Matrix*, me acompanhe. Tudo fará sentido em um momento. Além disso, esteja avisado, darei alguns spoilers a seguir.

Matrix conta a história do personagem de Keanu Reeves, um programador, Thomas A. Anderson, que leva uma vida dupla como o hacker Neo. Ele une forças com o lendário hacker Morpheus em uma missão para destruir a inteligência artificial que comanda a vida humana, conhecida como Matrix. Enquanto eles lutam contra os Agentes que a protegem, Neo exibe dons super-humanos — incluindo a capacidade de desacelerar o tempo — que indicam que ele poderia ser O Escolhido, ou a pessoa escolhida para derrubar a Matrix.

Falando em **O Escolhido**, aquele que foi Além, quero que você perceba uma coisa. Quando vir uma família feliz ou bem-sucedida financeiramente, entenda que, em algum momento de sua história, ela não foi assim. Isso é, até que **O Escolhido** apareceu naquela família e mudou a árvore genealógica dela para sempre.

O Escolhido pode mudar as emoções, as finanças, o nível de felicidade e a forma de pensar da família, entre muitas outras coisas.

Na minha família, sou **O Escolhido**. Não porque queria ou gostava da ideia, mas porque estava pronto para lutar por isso e aprendi as estratégias necessárias para sê-lo.

Meu desejo é que você se torne O Escolhido em sua família.

A razão pela qual eu amo a história de Neo ser O Escolhido é porque acredito que essa é uma metáfora para o que existe em cada família.

Vale a pena repetir: ao ver uma família feliz, bem-sucedida ou vivendo seus sonhos, entenda que, a princípio, ela não era assim. Então **O Escolhido** surgiu naquela família e mudou o legado dela para sempre.

Estou lhe ensinando sobre a Matrix para que você também possa ser **O Escolhido** que surgirá na família.

Isso é algo que talvez o surpreenda:

E se eu disser que você já vive em uma Matrix?

E se eu lhe disser que já existem forças em ação dentro de você que desaceleram partes de sua vida, interpretam e reforçam o que foi programado em sua consciência? E você nem faz ideia de que isso está acontecendo.

Mas está.

Sua Matrix é um nome mais coloquial para o seu **sistema de ativação reticular**, SAR para abreviar. Seu SAR é o filtro que pesa as coisas importantes em sua vida e filtra as que não são.

O SAR é um conceito sobre o qual falei no passado. Assim como criar uma identidade de Ir Além, não a explorei tanto quanto faremos neste capítulo. E, assim como ela, aprender sobre seu SAR é vital para se conectar com muitos dos outros capítulos deste livro.

No entanto, embora seja importante entender a ciência por trás do SAR, já que às vezes as pessoas se sentem intimidadas ou desanimadas com conceitos científicos complicados, apresentei esse assunto de maneira mais acessível e palatável usando a Matrix como exemplo.

Quer pense nisso como SAR ou como Matrix, lembre-se disso:

Pense no SAR como o filtro que revela o que é mais importante em sua vida.

Este é um exemplo que ilustra como o SAR funciona: digamos que você queira comprar uma van azul. Logo em seguida, começa a ver vans azuis em todos os lugares. Mesmo a três pistas de distância, enquanto cumpre seus afazeres diários ou deixa seus filhos na escola.

Adivinha. Aquelas vans azuis sempre estiveram lá, você apenas nunca as notou antes. Mas agora as vê porque se tornaram parte do seu SAR. Foram filtradas para dentro da consciência desde que se tornaram importantes a seus olhos.

Isso se estende a outras partes de sua vida. Por exemplo, clientes, seu nível de condicionamento físico, os relacionamentos ou as emoções que deseja, tudo isso se torna vans azuis. Elas sempre estiveram lá; você apenas nunca percebeu porque não estavam programadas em seu SAR. Você as ignorava porque não eram importantes o suficiente na época.

Como elas se tornam importantes então? Através de visualizações e pensamentos repetidos. Essas coisas ensinam ao seu SAR o que ele deve ouvir, procurar e sentir, pois sua mente se volta ao que for mais familiar.

É isso o que quero dizer com desaceleração. Ao visualizar repetidamente e pensar obsessivamente sobre algo, você diz ao seu SAR para prestar atenção a esse assunto, e é esse o momento em que o mundo desacelera.

É assim que o SAR funciona.

Você já faz isso excepcionalmente bem, mas é provável que não o faça com direção, intenção ou consciência suficiente. No entanto, se puder direcionar seu SAR para se concentrar melhor nas vans azuis da sua vida, ela começará a mudar.

Os pensadores que Vão Além aprendem a trabalhar em conjunto com sua Matrix. Por sua vez, isso cria diversas oportunidades e resultados que acelerarão sua vida de inúmeras maneiras.

Viva uma Vida Mais Profunda ao Desacelerar sua Matrix

O conceito de desacelerar o tempo pode ser rastreado até as civilizações antigas. Zenão, filósofo do século V a.C., fez a seguinte pergunta: *"Se uma flecha voadora parece estar em repouso em qualquer instante particular do voo, isso não a faz estar, na verdade, imóvel?"* Esse foi um dos muitos paradoxos que ele propôs em seu tempo.

Percorremos um longo caminho desde então. Mas o conceito da nossa relação com o tempo ainda nos fascina. Assim como em *Matrix*, se quiser viver uma vida mais profunda e significativa, deverá aprender a desacelerar seu ritmo interno.

Do ponto de vista técnico, *Matrix* usou efeitos especiais cinematográficos para criar o que ficou conhecido como **bullet time**. Ao colocarem 120 câmeras em um círculo de 360 graus ao redor da ação, tirarem milhares de fotos e depois juntarem todas, criaram tal efeito. Os resultados dão a sensação de que os espectadores estão vendo uma cena em câmera lenta, que se desenrola em questão de segundos, da forma que se vê no filme.

Como diretoras, as irmãs Wachowski não foram as primeiras a usar a técnica, mas foram as primeiras a popularizá-la. Ela foi usada várias vezes em *Matrix* e nas sequências, mas o mais conhecido e lembrado é quando Neo se esquiva de bala após bala em um telhado — portanto, bullet time (tempo de bala, em tradução livre).

O bullet time pode funcionar para você também. É o equivalente a uma versão extrema de "apreciar as coisas simples da vida". Mas é muito mais do que isso. **Ao desacelerar estrategicamente o ser físico e mental, você cria um espaço que permite que seus sentidos e cérebro sejam redefinidos.** Enxerga as coisas de maneira diferente e começa a perceber que oportunidades de Ir Além sempre estiveram lá. Bastava mudar as variáveis da sua vida para vê-las.

A chave é estar ciente de suas circunstâncias e do ambiente em que está. O bullet time permite que você procure um acordo além, concentre-se em uma maneira a mais de melhorar seu jogo de tênis ou uma maneira a mais de melhorar seu casamento.

> *Quero libertar sua mente, Neo. Mas só posso te mostrar a porta. Você tem que atravessá-la.*
>
> — Morpheus

Leva tempo e foco para se envolver com sua vida atual. Assim como em *Matrix*, estará mais envolvido no que acontece quando fizer esse esforço.

Do mesmo modo, **você deve decidir conscientemente qual caminho escolher.** Isso nos leva à famosa escolha da pílula azul versus pílula vermelha que Neo deve fazer. Quando Morpheus pede que ele escolha, essa essencialmente é uma decisão entre destino e livre-arbítrio.

Em *Matrix*, tomar a pílula azul representa escolher o destino. Todas as escolhas já estão decididas e as ações predeterminadas. O conceito de escolha é uma ilusão. Neo, em vez disso, opta pela pílula vermelha e decide pelo livre-arbítrio, em que pode mudar seu destino com base em suas decisões. E junta-se a Morpheus e Trinity, outra importante lutadora da liberdade, que também valoriza mais o livre-arbítrio, não importa o quão desagradável seja aquele mundo.

Todos têm essa mesma capacidade de escolher a própria realidade. Os pensadores que Vão Além são simplesmente mais intencionais. Escolhem o livre-arbítrio e a ação porque sabem o que querem e combinam pensamento e ação para aproximá-los de seus padrões e objetivos. Elevam seus níveis de consciência. Ao fazerem isso, desaceleram o mundo. E o mundo deles muda para se alinhar melhor com o que querem na vida.

> *Neo, mais cedo ou mais tarde, você vai perceber, como eu, que há uma diferença entre conhecer o caminho e percorrer o caminho.*
>
> — MORPHEUS

Por causa do ritmo de nossas vidas, muitas vezes escolhemos olhar apenas para certas coisas. Percorrer caminhos preestabelecidos. Para muitos, é uma questão de conveniência. Mas isso também apaga várias cores no grande e belo arco-íris da vida.

Não seja muito duro consigo mesmo se isso soa como algo que você faz. Desde que nascemos, somos ensinados a obedecer aos outros, respeitar as regras e memorizar fatos. À medida que o mundo anda cada vez mais rápido, fica mais difícil acompanhar uma era tecnologicamente orientada à velocidade da luz. Para sobreviver, aceitamos constantemente que os outros decidam o que é melhor para nós e que devemos obedecer sem questionar.

E se você desafiasse essa suposição? Não o tempo todo, mas nas áreas de sua vida que são importantes. E se pudesse parar o tempo e pensar bastante sobre as escolhas que enfrenta? **E se explorasse suas opções mais profundamente quando fosse necessário?**

Os pensadores que Vão Além devem estar mais o profundamente engajados em sua própria vida quando possível. Sua Matrix e a escolha entre a pílula vermelha e a pílula azul estão esperando por você.

Como Sua Matrix Funciona

É legal dar o nome de um filme a uma de suas funções principais. Mas para apreciar completamente como sua Matrix funciona, você também deve entender a ciência por trás dela.

Mencionei o sistema de ativação reticular (SAR) anteriormente. Este é o músculo mental que lhe permite recalibrar sua Matrix. **Seu SAR filtra as coisas que são importantes na sua consciência para você e apaga as que não são.**

Em termos neurológicos, reticular significa "rede ou similar a uma rede". O SAR é uma formação de rede de células nervosas e suas conexões localizadas profundamente no tronco cerebral, entre a medula espinhal, atravessando o tálamo no centro do cérebro. Essas células se estendem para fora do córtex cerebral, que é a fina camada de tecido neural na superfície do cérebro.

Ele não interpreta a qualidade ou o tipo de entrada sensorial que você fornece. Ativa todo o seu córtex cerebral, colocando-o em alerta máximo. Essa excitação aumentada cria uma capacidade aprimorada de interpretar as informações recebidas e prepara o cérebro para agir de forma apropriada.

Agir de forma apropriada significa que o SAR altera a atividade elétrica do seu cérebro, regulando a voltagem elétrica das ondas cerebrais e a velocidade com que as células nervosas se envolvem. Também libera substâncias químicas que regulam o sono, a dor, a função motora, as emoções e as memórias. Esses produtos químicos incluem acetilcolina, que regula o movimento, dopamina, norepinefrina e serotonina, que estão associadas à consciência e aos sentimentos. O SAR também tem sido associado a distúrbios psicológicos. Anormalidades resultam em esquizofrenia, doença de Parkinson, transtorno de estresse pós-traumático (TEPT), entre outros.

Quando você está acordado, o cérebro produz ondas cerebrais de baixa voltagem que são incrivelmente rápidas, o que possibilita organizar as informações com rapidez e atenção. A mesma coisa ocorre durante o ciclo do sono de movimento rápido dos olhos (REM), que produz sonhos intensos, movimentos corporais e respiração e pulsação mais rápidas.

A forma como o SAR configura esses sinais também o torna mais ou menos alerta, mais ou menos consciente e determinará como seu cérebro interpretará as várias mensagens que receber. Dessa forma, o **SAR é o sistema de filtragem natural do seu cérebro**. Ele filtra tudo o que não é importante ou ruídos desnecessários que interferem no processo de tomada de decisão, incluindo o processamento de mensagens enquanto você dorme.

Ele também filtra tudo aquilo que é importante para a sua consciência. Ao fazer isso, é possível criar sua própria realidade. Mas deve haver intenção e trabalho nisso. Para os pensadores que Vão Além, seu SAR é sua Matrix. Compreender a ciência por trás de como ela funciona torna mais fácil entender como e por que você deve encontrar maneiras de colocá-la para funcionar a seu favor.

Segue uma ilustração rápida: se você está procurando coisas para se ofender, o SAR será ativado, e é isso que encontrará o dia todo. Por outro lado, se buscar coisas pelas quais ser grato, é isso que encontrará.

Quando você ativa intencionalmente sua Matrix para se concentrar em certas coisas, verá algo Além em todos os lugares.

De maneira inconsciente, sua Matrix vasculha uma montanha de dados e apresenta apenas as partes que são importantes para você. Ela se programa para trabalhar a seu favor. Já ouviu falar no ditado "Entra lixo, sai lixo"? Aposto que não sabia que havia todo um ramo da ciência ligado a isso. Tudo se resume a você e sua Matrix.

Ela também busca informações que validam suas crenças. Filtra o mundo através dos parâmetros que você fornece. Suas crenças moldam esses parâmetros em uma espécie de profecia autorrealizável. Se você acreditar que é ruim em acertar uma bola de golfe, pintar ou fazer um discurso, provavelmente será horrível nessas atividades. Por outro lado, se acreditar que pode atingir uma velocidade de uma bola rápida de 140km/h, aprender um novo idioma em três meses ou dominar dança de salão em um ano, terá uma chance muito maior de conseguir. **Sua Matrix lhe ajuda a enxergar aquilo que você deseja e, assim, passa a influenciar suas ações.**

Seu SAR também ajuda a explicar a Lei da Atração. Este é o conceito de que você atrai aquilo que pensa. Muitas vezes, ela é mencionada como algo da Nova Era, um conceito meio cósmico, mas a Lei da Atração se torna muito menos mágica e mística quando você entende como sua Matrix funciona.

Essa é uma dica importante para o pensador que Vai Além: **ao treinar sua Matrix para pegar seus pensamentos subconscientes e casá-los com sua consciência, você passa a ser intencional.** Falo muito sobre ser intencional, e agora você sabe como e por que o processo funciona.

Ele requer foco e paciência. No entanto, se conseguir dominar essa habilidade, a Matrix se alinhará com você para revelar informações, pessoas e oportunidades que o ajudarão a atingir seus requisitos e objetivos.

 ## Treine Sua Matrix para Conseguir o que Deseja

A próxima e mais óbvia pergunta é: "Como treinar minha Matrix para conseguir o que quero?" Há maneiras simples e concretas de se fazer isso.

Você começa plantando uma semente em sua Matrix. Pense em uma situação que deseja influenciar. Por exemplo: "Eu quero perder peso." Em seguida, direcione seus pensamentos ao resultado específico que gostaria. Nesse caso: "Quero perder 10 quilos nos próximos seis meses." Por fim, crie visualizações de como deseja executá-lo. Deixe sua imaginação ouvir as conversas, ações, exercícios, alimentos e outros detalhes necessários para atingi-lo. Para fixar isso em sua Matrix, precisará repetir essas coisas várias vezes com intenção.

Ao fazer isso, direcionará sua Matrix para que ela trabalhe para você. **Os pensadores que Vão Além também devem agir em cima desses pensamentos.** Ter convicção não é o suficiente. Não basta apenas desejar o sucesso.

Digamos que queira um cachorro. Você adora huskies, mas nunca notou quantos deles vê durante o dia até direcionar sua mente e decidir que esse é o tipo de cachorro que quer.

De repente, passa a ver huskies em todos os lugares.

Que tal o carro dos sonhos? Talvez tenha sonhado a vida inteira em ter um Porsche. É um daqueles sonhos que "um dia" serão reais, sem qualquer plano realista. Então, sua carreira decola. Você recebe um grande aumento e seu sonho de ter um Porsche "um dia" começa a parecer real. Vê anúncios online, comerciais de TV e outdoors de Porsches. Toda vez que alguém passa por você na estrada, seu cérebro dispara. Acaba por encontrar casualmente um cara que dirige um deles, e sua Matrix eleva seu sonho a um estado ainda mais alto.

Quando essas coisas acontecem, sua Matrix está dando os primeiros passos para aproximá-lo da vida que deseja.

Sua Matrix e o Viés de Confirmação

O viés de confirmação é a tendência de interpretar novas evidências como a confirmação de suas crenças ou teorias já existentes. **Sua Matrix e o viés de confirmação são como dois lados da mesma moeda.** Quando sua Matrix gera crenças ou resultados específicos, o viés de confirmação entra em ação e as reforça, fortalecendo ainda mais o efeito. À medida que isso acontece, quaisquer evidências ou teorias que minam ou possam refutar aquilo em que você acredita são desvalorizadas.

O viés de confirmação também é uma extensão da memória seletiva. Ao escolher se lembrar das coisas de uma certa maneira e confirmar o que pensa, você se volta ao resultado que deseja alcançar. **Quanto mais fortes forem suas crenças, ou quanto mais um problema exigir emocionalmente, mais forte será seu viés de confirmação e sua memória seletiva a respeito disso.**

Tais crenças tornam-se mais fortes ao longo do tempo. Subconscientemente, por meio da repetição, as obsessões tornam-se posses. Quando combinada a ações intencionais, ao viés de confirmação e à memória seletiva, sua Matrix o torna implacável frente a seus objetivos. A chave é certificar-se de que as sementes certas serão plantadas. Se você plantar as coisas erradas, colherá os resultados errados.

Interpretações e memórias tendenciosas podem ser ferramentas poderosas se aproveitá-las da maneira certa. Em nossos respectivos mundos, diariamente somos inundados com confirmações de nossos vieses. As redes sociais são um excelente exemplo de uma câmara ecoante, que reforça nossas crenças. Gravitamos ao redor do que se alinha com o que acreditamos. E, muitas vezes, repelimos pontos de vista que diferem dos nossos.

Nos últimos anos, a mídia se tornou um exemplo óbvio de viés de confirmação. Fox News, CNN, MSNBC e outras expressam rotineiramente pontos de vista que confirmam ou enfurecem os espectadores, com base em suas inclinações políticas.

O viés de confirmação também minimiza um conflito mental conhecido como dissonância cognitiva. Isso ocorre quando uma pessoa é exposta a duas crenças contraditórias, o que resulta em estresse psicológico ou mal-estar. Ele ajuda a evitar pontos de vista incongruentes e fortalece visões que reforçam informações alinhadas ao que desejamos acreditar.

Sua Matrix É uma Experiência Única

A Matrix de cada pessoa é única. Assim como não há dois cérebros iguais, o mesmo vale para uma Matrix. Você é o total único de suas memórias, experiências, pensamentos, relacionamentos, medos, ambições e muito mais. É por isso que **aprender a controlar sua Matrix é uma jornada solo.** Não é possível delegar essa responsabilidade. Depende de você, e somente de você. E lembre-se: o viés de confirmação influencia fortemente como ela se comporta.

Reflita comigo. Um corretor de Wall Street configurou sua Matrix para encontrar dinheiro na vasta gama de mercados financeiros. Ao desacelerar e deixá-la ver oportunidades, ele enxerga negócios que alguém que não está intencionalmente programado não vê.

Da mesma forma, pondere a situação de alguém viciado em drogas e em situação de rua em Skid Row. Mesmo que não tenha onde dormir e se pergunte de onde virá sua próxima refeição, ele sempre encontra uma maneira de obter a próxima dose. Sua Matrix foi treinada para encontrar drogas. E ela se tornou ótima nisso.

Ambos estão vivendo suas realidades. Treinaram a própria Matrix para elevar pensamentos e oportunidades específicos e consistentes com os objetivos deles, e tudo o que encontram tende a confirmar que estão se movendo em direção a isso. Em cada caso, obsessões se tornam posses. A sociedade pode julgá-los de forma diferente. Mas, certo ou errado, são ou não são o resultado de como cada Matrix impactou a vida deles?

O que quero dizer é que sua Matrix é sua, e somente sua. Você a controla, seja ao procurar sua próxima ação ou uma dose de heroína. **E quanto mais ela vê as coisas de certa maneira, mais enraizadas e intensas suas crenças se tornam.**

Vejamos outro exemplo. Se você é um quarterback, faz mais sentido em um jogo evitar recebedores que estão sendo marcados pela defesa ou procurar recebedores que estejam livres? Ao treinar sua mente para procurar quem está livre, é isso que seu cérebro procurará, em vez de se concentrar naqueles que estão marcados.

Os quarterbacks novatos geralmente sentem dificuldades porque não têm a profundidade da experiência plantada na Matrix deles. Mas quarterbacks experientes do Hall da Fama, como Joe Montana ou Peyton Manning, literalmente destruíram as defesas. Estavam mais profundamente envolvidos e investidos em acreditar que eram capazes de controlar a ação em campo, pois seu mundo desacelerou e a Matrix focada nos jogos entrou em ação.

É também como um analista de jogos experiente, como Tony Romo ou Troy Aikman, pode identificar uma *blitz*, saber quais rotas os recebedores percorrerão e qual será a cobertura antes mesmo do passe da bola. Anos de experiência em campo agora são utilizados em interpretar, antecipadamente, o que acontecerá em campo, para milhões de espectadores ao mesmo tempo.

Se você é um jogador de golfe, filtra armadilhas de areia, obstáculos aquáticos e marcadores fora dos limites a cada tacada. Sabe exatamente onde quer mandar a bola, e isso é tudo que sua Matrix lhe permite ver.

O uso dela também se estende a seus relacionamentos. Ao ativá-la, você começa a ver as qualidades nas pessoas com as quais deseja se relacionar, em vez de sentir falta das pessoas que sempre estiveram lá.

E se, em vez de huskies, Porsches e passes, você se concentrasse em criar mais perspectivas de negócios? Começaria a ouvir oportunidades no trabalho ou em uma ligação de vendas que não ouviria de outra forma, porque seu cérebro agora busca ativamente tais possibilidades. Ele enxerga oportunidades de ganhar dinheiro que sempre estiveram lá, mas que não haviam sido percebidas pela sua Matrix antes.

Se você é um empreendedor, já treina seu cérebro para procurar por elas e não por obstáculos. Procura maneiras de conectar dois serviços, produtos ou relacionamentos díspares de uma maneira que lhe renda dinheiro. Até certo ponto, sua Matrix filtra todas as pessoas que não são boas candidatas para trabalhar contigo e, em vez disso, concentra-se nas mais compatíveis.

Pense no que poderia acontecer se ficasse ainda mais focado nisso. A qualidade e a quantidade de seus negócios aumentariam? Colocaria mais dinheiro no bolso no final do ano? Com base na minha experiência, sim, isso aconteceria.

Acredito firmemente que **tudo o que precisa já está aí dentro e ao seu redor**, se você se esforçar para ver.

Otimize Sua Matrix

Sua Matrix já está se esforçando. Mas ela trabalha na direção que lhe beneficia? Você pensa nas coisas que melhorarão sua vida ou pensa em evitar coisas ruins que a prejudicarão? Existe uma diferença.

Mudar sua mentalidade Matrix para uma estrutura mais positiva remove o medo e a ansiedade e substitui esses pensamentos por confiança e impulso para ir em frente. Para isso, duas coisas são necessárias.

Primeiro, **eleve intencionalmente a qualidade dos seus pensamentos.** Seja positivo. Defina seus objetivos para que, ao alcançá-los, você fique animado com o resultado, em vez de respirar aliviado por ter evitado uma crise.

Em segundo lugar, **repita, repita, repita!**

Continue, de maneira consciente, a preencher sua Matrix com os pensamentos que deseja. Deixe suas crenças se tornarem tão enraizadas a ponto de nem sequer perceber que elas existem. Ela não as perderá de vista. À sua maneira, ela se tornará sua maior aliada e transformará seus pensamentos em resultados. Programe-a através de sentimentos, palavras e visualizações repetitivas intencionais. Seja obstinado e persistente para obter o sucesso que deseja.

Explicando de forma mais clara, a ativação também vem da preparação, coleta de conhecimento, coragem, a permissão para falhar, a permissão para traçar seu caminho, gratidão e muito mais. Além disso, **remova a procrastinação de sua vida.** Como Victor Kiam, empresário e ex-proprietário do New England Patriots, disse: "A *procrastinação é a assassina da oportunidade.*" Por outro lado, **a mudança é a instigadora da oportunidade.**

Quando é hora de dançar com uma garota bonita, não há espaço para a hesitação, caso contrário, outro cara dará "dois passos para lá e dois para cá" com ela em pouco tempo. E você ficará no bar, bêbado e mal-humorado.

Poucas coisas são mais caras do que oportunidades perdidas. Você paga por elas com arrependimento, dúvida e um sentimento persistente e assombroso do que poderia ter sido.

O filósofo inglês Francis Bacon disse uma vez: "*O homem sábio cria mais oportunidades do que as encontra.*"

Da mesma forma, os pensadores que Vão Além são intencionais quanto às oportunidades. Colocam sua Matrix em movimento e aprimoram essa poderosa ferramenta através da repetição.

Ao ativar sua Matrix, você altera a realidade e encontra mais uma oportunidade que se revelará de maneiras que jamais imaginaria.

Tentar Ir Além

Não está terminado até que esteja terminado.

— Yogi Berra

S E VOCÊ QUER SER CAPAZ DE OBTER ALGO SIGNI-FICATIVO NA SUA VIDA, a estratégia necessária é Tentar Ir Além.

Este é o motivo:

Tentar Ir Além não é uma ação isolada na sua vida. É um conceito abrangente que se liga a muitas das outras estratégias deste livro.

Uma das crenças centrais que mantenho é a importância da **composição**. Ela ocorre quando você tenta Ir Além vez após vez. Ao ser bem-sucedido na implementação dessa mentalidade, você criará e multiplicará vitórias pessoais.

Cada uma delas cria um avanço incremental em direção aos seus objetivos. **Você as empilha uma em cima da outra e produz mudanças significativas a longo prazo.**

Este é um exemplo simples que ilustra esse ponto: quando era criança, na primeira vez que tentou andar de bicicleta, não se saiu tão bem, não é? Provavelmente começou com rodinhas, indo devagar, com sua mãe ou pai ao lado fornecendo apoio.

À medida que subia na sua bicicleta dia após dia, aprendeu a se equilibrar melhor, a pedalar e seguir em frente. Eventualmente, tirou essas rodinhas e começou a se equilibrar por conta própria aos poucos. Não muito depois, foi capaz de subir e descer ruas e calçadas sem se importar com o mundo. E sua vida mudou para sempre.

Até que você entenda e adote o poder fundamental e transformador de Tentar Ir Além, não entenderá completamente por que é essencial tentar fazer mais uma ligação, mais uma série na academia, conhecer mais uma pessoa em um evento ou aprender mais uma habilidade para elevar sua cabeça e ombros acima de todos os outros.

Se agir e fizer as mesmas coisas que todo mundo, obterá os mesmos resultados. Ao implementar a mentalidade de Tentar Ir Além, obterá seus maiores sucessos e um crescimento pessoal mais significativo.

Fazer isso também lhe dará mais **confiança** do que seus concorrentes. É uma espécie de arma secreta. Embora os outros não vejam assim, você saberá que está disposto a fazer mais do que eles. Estará ansioso para fazer uma tentativa a mais. Isso é uma tremenda vantagem a seu favor.

Essa não é exatamente uma ideia nova. Confúcio entendeu as batalhas que acontecem na mente de uma pessoa quando escreveu: *"Aquele que diz que pode e aquele que diz que não pode, ambos têm razão."*

Confúcio sabia que um indivíduo executa ao nível do que acredita ser capaz. A confiança alimenta a crença de que você é digno de tentar novamente.

Muitos gostam de pensar em si mesmos como superdotados. Se você se considera assim, declara que sua prática padrão é ir além do necessário para realizar seus objetivos.

Para ter conquistas acima da média, deve abraçar totalmente a prática de Tentar Ir Além.

Há outro componente crítico para isso. Mesmo que esteja disposto a fazer coisas que os outros não estão, é necessário **ser intencional e procurar oportunidades em tudo que fizer**. Essa mentalidade deve se tornar instintiva para você. Ao praticar essa estratégia por tempo suficiente, ela se tornará um reflexo. Você não pensa. Apenas faz.

Em um nível ainda mais básico, acredite que é possível criar uma vida com ainda mais tentativas. Ela é como a confiança, mas tem mais a ver com **criar um nível mais alto de autoestima**. Muitas pessoas não acreditam o suficiente em si mesmas, e as limitações com as quais vivem vêm de dentro. Ser seu pior inimigo é algo que já presenciei diversas vezes.

Não acredito nessa mentalidade limitante e quero que faça o mesmo. Não precisa ser assim!

Aprendi há muito tempo que **todos nós temos a sabedoria para criar o futuro que queremos**. A maioria simplesmente não aproveita essa rica oportunidade, seja lá o motivo. Bloqueamos essa parte de nossa identidade e aceitamos algo inferior.

Às vezes aceitamos uma vida inferior porque não recebemos um bom exemplo ou sofremos com adversidades que nos tornaram mentalmente frágeis. Murchamos sob críticas e nos recusamos a cavar mais fundo para encontrar a resistência mental e a coragem que nem sabíamos que tínhamos.

Considere algo que o deixará empolgado: à medida que avança, as oportunidades para Tentar Ir Além terão muito menos competidores concorrendo. **A maioria das pessoas desiste. Não fazem o trabalho que você está disposto a fazer. Portanto, elas não obterão os mesmos resultados.**

Em vez disso, quando você se muda para esse novo lugar onde Tentar Ir Além é a norma, a lei das médias passa a trabalhar a seu favor. Para simplificar: mais tentativas equivalem a mais sucessos.

Esse é um bom ponto de partida se estiver procurando o impulso necessário para começar a implementar tal tática.

Rompa a Piñata

Tentar Ir Além é tão importante que quero dar alguns exemplos para mostrar que, muitas vezes na vida, o progresso não é aparente, mesmo que ele esteja ali.

O meu favorito é o que chamo de "romper a piñata".

A vida é como tentar acertar uma piñata. Essa também é uma excelente metáfora para entender o impacto de Tentar Ir Além. Não há evidências externas de que estamos progredindo e é por isso que as pessoas geralmente desistem antes de chegar à parte de suas vidas em que o doce cai.

O exemplo perfeito disso é de alguns anos atrás, quando fui a uma festa de aniversário de uma criança de 5 anos. Na festa havia uma piñata e, uma a uma, as crianças colocaram uma venda nos olhos. Receberam um bastão, giraram e depois foram orientadas a bater na piñata.

O primeiro par de crianças a tocou de leve. Estavam desorientadas e não sabiam em que direção bater. Mesmo com certa ajuda bem-intencionada dos companheiros de festa, não causaram danos aparentes a ela. Ou era o que eles pensavam!

Aquelas crianças ficaram um pouco frustradas quando nada estourou. O que não perceberam é que, por dentro, a piñata quebrava lentamente.

As que tentaram depois entenderam melhor o jogo. Elas se aproximaram, taco na mão, e deram os golpes. Muitas delas acertaram com vontade e causaram certo dano, ainda que não soubessem.

O efeito composto de bater na piñata, mesmo que parecesse que ela continuava firme, fazia diferença. Toda vez que um golpe era acertado, as crianças faziam progressos invisíveis e chegavam cada vez mais perto do objetivo final de destruí-la. Todas elas gritavam com antecipação após cada baque. Depois de mais algumas pancadas, sentiram que a fera de papel machê estava enfraquecendo. Ainda assim, ela não estourava.

Quando todas as crianças tinham feito uma tentativa, a mamãe vendou o aniversariante e ele se aproximou para dar o próprio golpe.

Aquele homenzinho recuou e, com a mais poderosa "Tentativa de Ir Além" que você poderia ver, ele estourou a piñata.

Você sabe o que aconteceu depois. Mais de uma dúzia de crianças correram para devorar todas as guloseimas que haviam caído.

Foi aquele golpe que arrebentou a piñata? Com certeza não. Foi o acúmulo de todas as contribuições anteriores para conseguirem o doce.

Muitas pessoas desistem de seus negócios, treinos ou relacionamentos antes que o doce caia no chão! Embora o progresso exista, nem sempre ele transparece.

Meu conselho para você é que continue batendo nas piñatas de sua vida. Quer veja ou não, está progredindo mais do que imagina.

Já comecei a descrever sua vida? Suponho que sim. Todos nós batemos em muitas piñatas e, no início, geralmente não somos aqueles que as estouram.

Eu lhe disse no início deste livro que você estava muito mais perto de realizar seus objetivos e sonhos do que imagina, e essa é uma metáfora perfeita disso.

Assim como as crianças, o seu **progresso é invisível** na sua vida. Infelizmente, a maioria das pessoas não espera para notar os resultados.

No entanto, se sabe que está avançando, mesmo quando não consegue ver diretamente tal avanço, torna-se mais focado em seus processos e tarefas que o permitirão atingir seus objetivos.

O progresso invisível é mais do que ter fé. É o conhecimento que adquiriu porque seus esforços produziram resultados em outras coisas que tentou no passado.

Quando rompemos uma piñata, sentimos uma adrenalina inegável.

Você já experimentou isso muitas vezes. Sabe exatamente o que é essa corrente correndo pelo seu corpo.

Na verdade, quanto mais difícil for rompê-la, mais intensa é a euforia. À medida que continuamos batendo, a expectativa aumenta. A adrenalina entra em ação. A confiança cresce. É possível que se sinta até um pouco irritado ao bater com tanta força e ela se recusar a ceder.

Em suas piñatas, o "doce" que cai pode ser sua felicidade. Conquistar a liberdade financeira. Apaixonar-se por alguém especial. Conseguir o emprego dos sonhos que sempre quis.

Tudo porque você não desistiu. Deu mais uma chance. E com o tempo, esses esforços se acumularam até que fosse possível conquistar exatamente o que queria.

É necessário cortar os pessimistas e todas as distrações negativas para se concentrar em estourar sua piñata. Você se sentirá desorientado às vezes, a dúvida pode surgir em sua mente e talvez pense que seu objetivo não vale a pena. Até que aprenda a vencer tais batalhas, nunca aproveitará o que ela lhe reserva.

Se esperar tempo suficiente, desfrutará dos frutos de seu trabalho. E todos os outros em seu círculo que permaneceram ao seu lado e o apoiaram também apreciarão todas essas coisas.

Dê seus golpes. Quantos precisar. Pegue o doce. Há muitas piñatas esperando para que você as estoure e as aproveite.

Um Pai, uma Filha e o Poder de Ir Além

Quero contar o que aconteceu em 26 de abril de 1998 e por que essa data é tudo para mim.

Eu era relativamente novo no mundo dos negócios e teria que fazer uma apresentação naquela noite para quarenta pessoas da minha equipe. Os convidados não se materializaram do jeito que eu queria e, quando a apresentação começou, apenas oito pessoas haviam comparecido.

Fiquei destruído.

Comecei a duvidar se essa era a carreira certa para mim. Comecei a pensar que talvez houvesse algo melhor lá fora, algo diferente que deveria fazer com a minha vida. Fiquei frustrado e desanimado e não sabia se deveria continuar no ramo.

Sentei e conversei comigo mesmo. O mais honesto que já fui. Havia feito tudo o que podia pelo tempo que podia? Será que fiz as coisas certas na hora certa? Eu realmente precisava refletir se tinha feito e dado o meu melhor naquilo.

Como fui sincero comigo mesmo, a resposta foi "não".

É uma coisa difícil para um homem orgulhoso admitir para si mesmo. Difícil, mas necessário.

Ainda mais importante, tinha que reconhecer minhas deficiências. Até aquele momento, eu seguia um padrão de desistir quando as coisas ficavam difíceis ou embaraçosas. Achava fácil desligar tudo da tomada. Muito fácil.

Em vez de ir embora, persisti e decidi que tentaria mais uma vez. Esvaziaria meu tanque e faria tudo o que pudesse para ter certeza de que tinha dado o meu melhor na profissão que escolhi.

Recuar e desistir já não eram mais opções. Deixei de lado minha velha identidade limitante e criei uma nova versão de mim mesmo. Essa conversa de "escolha Jesus" comigo mesmo, essa recusa em ceder e minha decisão de ir mais longe ao acreditar que poderia Tentar Ir Além mudou minha vida para sempre.

Daquela noite em diante, meus esforços e minha mentalidade se transformaram em negócios que me renderam centenas de milhões de dólares.

Há mais um exemplo que quero compartilhar com você.

Um aviso: há um momento de orgulho parental pela frente. Aqueles que são mães e pais entenderão completamente o que quero dizer.

Enquanto escrevo isso, minha filha Bella tem 17 anos. Uau, como os anos passam rápido.

Por critério próprio, ela recentemente decidiu que era hora de procurar por um emprego. Bella se candidatou a uma pizzaria local e fez uma ótima entrevista. Eles estavam prontos para lhe oferecer o emprego até que uma pergunta final a atrapalhou.

Eles perguntaram se ela já tinha 18 anos. Como a pizzaria servia cerveja, a idade mínima era um requisito, o qual ela não atendia.

Bella me ligou logo depois que saiu da entrevista. Ficou desanimada ao dar a notícia. Eu estava chateado. Como pai, quando seu filho sofre, você também sofre.

Mas esse não é o final da história.

Meia hora depois, Bella ligou novamente. As primeiras palavras que saíram de sua boca foram...

"Pai, consegui um emprego!"

Foi como receber os doces da piñata que sua filha estourou. Não consigo nem começar a descrever o quão feliz estava. E, curioso.

Depois de uma decepção, a maioria dos adolescentes enfia o rabo entre as pernas e volta para casa. Mas enquanto saía da pizzaria, Bella notou um pequeno café ao lado. Em vez de passar por ali como 999 de 1.000 adolescentes à procura de emprego poderiam fazer, ela entrou e decidiu falar com a anfitriã.

Uma coisa levou a outra, e ela descobriu que o café tinha vagas abertas. E não era necessário ter 18 anos! Bella conversou com o gerente e foi contratada na mesma hora.

Foi assim que minha linda filha, ao Tentar Ir Além, pegou uma derrota em potencial e a transformou em vitória.

Tenho dificuldade em apresentar um exemplo mais perfeito de como se esforçar e usar essa técnica pode funcionar a seu favor. Teria sido tão fácil desistir, mas porque ela fez um esforço e foi a outro lugar, conseguiu um emprego e isso mudou a sua vida.

Talvez a parte mais legal seja que ela fez tudo sozinha.

Tal pai, tal filha.

É um dos momentos de que mais me orgulho como pai na vida.

Três Maneiras de Como Tentar Ir Além Pode Fazê-lo Superar Expectativas

Seu caminho para se tornar alguém capaz de superar expectativas está diretamente ligado a Tentar Ir Além. Quanto mais tentar, mais conseguirá.

Estes são três princípios a considerar.

Extremos Expandem Capacidades

Seus ganhos mais significativos não vêm de lugares em que já está ou já esteve. **Suas maiores conquistas acontecem quando você vai a novos lugares e testa novos limites.** Ao criar uma condição extrema se comparado ao que está acostumado, você expande sua capacidade de sucesso. Seu novo nível se torna sua nova norma.

À medida que se sente mais confortável em se esforçar ao extremo, você se torna mais confiante, pois sabe o que o espera do outro lado.

Se teme se esforçar até o ponto de exaustão, não se preocupe. Não estou dizendo que não deva descansar, mas **descobri que a maioria das pessoas está cansada porque realiza poucas atividades, em vez de muitas.**

Altos graus de atividade produzem energia, e você se alimenta disso. Assim como as baterias, se não a utilizar, tende a perdê-la com o tempo.

Mas quando de fato a usa, produz ainda mais energia. Ao produzir mais energia, irá a um lugar mais extremo. Uma vez que esteja naquele lugar, poderá vê-lo, senti-lo, tocá-lo e entender o que esse novo nível de capacidade significa para você.

Quem me conhece agora, sabe porque adotei o lema de MAXIMI-ZAÇÃO. Durante trinta anos, entendi que **maximizar sua vida cria um nível extremo, que, por sua vez, cria capacidade e um lugar onde será possível crescer e alcançar mais resultados.** Em outras palavras, ao maximizar, seu limite aumenta também.

Utilize os Números para Ganhar

Se quiser ultrapassar todas as expectativas, você deve criar números melhores para o que for importante.

Grande parte do seu sucesso se resume ao compromisso de executar tarefas básicas repetidas vezes. **É necessário aprender a fazer as coisas simples direito.** Você deve ser obcecado em aperfeiçoar seus processos várias vezes até criar números grandes o suficiente para obter as vitórias que busca.

Pessoas acima da média não pensam em termos de qualidade ou quantidade. **Pensam em termos de qualidade *e* quantidade.**

Tiger Woods não se limita a praticar como acertar bolas de golfe de duas a quatro horas por dia. Ele é obcecado em acertar cada bola da maneira certa sempre, e para isso usa o mesmo backswing, a mesma pancada e o mesmo ritual todas as vezes.

Se você assistiu *Arremesso Final*, um documentário sobre Michael Jordan e o Chicago Bulls, viu o quanto ele se esforçou. Ou você aceita o nível de prática e jogo de Michael, ou não aguentará muito. Jordan não apareceu no livro dos recordes por acaso. Ele entendeu que é preciso se esforçar e acumular números ao praticar, para então acumular vitórias de todos os tipos ao jogar.

Aqueles que se destacam sempre se condicionam a incorporar a Tentativa de Ir Além em suas rotinas diárias. Como mencionei, há menos competição ao subir até esse nível, e suas vitórias serão maiores e melhores em todos os casos.

Talvez tenha havido algumas perdas em seu negócio. Talvez você não tenha aplicado o conceito ao máximo. Todo mundo passa por altos e baixos, mas não se afunde nesses baixos por muito tempo. Você saberá quando não estiver se esforçando o máximo que puder. Saberá quando não estiver fazendo tudo o que pode para tornar a si mesmo e sua empresa o mais bem-sucedidos possível.

Pode se esconder de si mesmo às vezes, mas não pode se esconder dos números.

Os números são um reflexo em preto e branco diretamente relacionado ao seu esforço. É fácil comparar o volume de vendas mês a mês ou ano a ano, telefonemas e outras métricas. Você não deve ter problemas para acompanhar a frequência com que vai à academia, quantas séries e repetições de pesos levanta ou quantos quilômetros corre por semana.

Não é possível ultrapassar todos os outros se não obtiver números melhores do que seus concorrentes ou métricas comparadas aos níveis de desempenho anteriores.

Do Nada se Fez Tudo

> *No princípio Deus criou os céus e a terra. Era a*
> *terra sem forma e vazia; trevas cobriam a face*
> *do abismo, e o Espírito de Deus se movia so-*
> *bre a face das águas. Disse Deus: "Haja luz", e*
> *houve luz.*
>
> — GÊNESIS 1:1–3

Alguns teólogos interpretam Gênesis como a criação de todo o universo por Deus a partir do nada. Que Ele apenas proclamou a existência do ser a partir do mais completo vazio. Acontece que sou uma dessas pessoas que também acredita nisso, e entro em maiores detalhes sobre minha fé como parte de Uma Oração Além no Capítulo 18. Essa crença é conhecida como *creatio ex nihilo* e é a resposta de como o universo veio a existir. Ela ensina que a matéria não é eterna, mas teve que ser criada por algum ato criativo divino, frequentemente atribuído a Deus.

Veja como isso se aplica à sua vida. **Ao se esforçar e esvaziar tudo o que há dentro de você a ponto de não sobrar mais nada, tudo poderá ser criado**.

Ao se esvaziar, você cria espaço para novas experiências, objetivos e esforços. Bruce Lee ecoou esse sentimento quando disse: *"Esvazie seu copo, para que possa ser enchido."*

Não estou falando sobre esforçar-se até a exaustão física. Nunca se coloque nesse estado. Estou falando sobre sempre fazer Algo Além. Quando fizer isso, você estará se esvaziando. Quando não tiver mais nada para dar, atingirá um estado de *ex nihilo*.

E estará pronto para que seu copo possa ser enchido ainda mais.

Faça o Poder de Ir Além Trabalhar a Seu Favor

A vida não lhe dará oportunidades de mão beijada.

Você precisa ser o tipo de pessoa que sai e cria oportunidades para si mesmo. Não espere! Seja agressivo e entenda que Tentar Ir Além não precisa ser perfeito. Simplesmente precisa ser tentado. **Ao se esconder dele, a única coisa que conseguirá é disfarçar suas inseguranças.**

Mesmo se não conseguir exatamente o que deseja, ao tentar outra vez, não estará começando do zero. Começará com um novo nível de experiência que poderá ser aproveitado para aumentar as chances de um resultado melhor.

Ao Tentar Ir Além, também criará outros níveis de capacidade. Será onde encontrará sua maior satisfação. Quanto mais vezes tentar, mais vezes ganhará, porque vitórias são, frequentemente, uma questão de números, desde que execute bem e dê o seu máximo. Além disso, lembre-se de que criará outras possibilidades para preencher sua vida se fizer todas as tentativas possíveis e esvaziar seu tanque.

A chave para Tentar Ir Além é ser **intencional**. Tenha a força e o foco para dar passos que o levarão mais perto de onde quer estar na vida.

Isso nem sempre é uma coisa fácil de fazer. Requer uma **determinação silenciosa** para manter o curso.

Ou, como Mary Anne Radmacher disse uma vez: "*A coragem nem sempre estrondeia. Às vezes, ela é a voz suave no fim do dia que diz: Tentarei novamente amanhã.*"

Os Cinco Princípios
para Gerenciar seu
Tempo e Ir Além

Cada dia é uma nova vida para o homem sábio.

— DALE CARNEGIE

TODO MUNDO ACEITA QUE EXISTEM 60 SEGUNDOS EM UM MINUTO. Sessenta minutos em uma hora. E a maioria de nós ainda acha que há 24 horas em um único dia.

Você provavelmente está pensando: "Claro que sim. Há 24 horas em um dia. Certo?"

Não se tiver um alto desempenho. Não se for um pensador que Vai Além. Em vez disso, e se eu pudesse lhe mostrar como dobrar e manipular o tempo para obter uma vantagem máxima? Pensadores que Vão Além não têm as mesmas horas em um dia.

Vou lhe mostrar como conseguir três dias em um único bloco de 24 horas. Eu sei que parece uma loucura. Mas não é.

Assim como qualquer outra coisa, esse princípio contribuiu para o meu sucesso desde que comecei a usá-lo há mais de vinte anos. Junto com os outros princípios de gerenciamento de tempo que emprego, usei-o para triplicar o número de dias que tenho, o que ajudou a triplicar minha produtividade.

Os pensadores que Vão Além percebem o tempo de forma diferente. E agora, vou ensiná-lo a fazer a mesma coisa.

Seu Relacionamento com a Percepção do Tempo

O tempo é uma constante. Mas tratamos o tempo como uma variável. Com que frequência ouve estas expressões?

"Que saco! O dia não acaba nunca."

"Este mês passou voando."

E a minha favorita…

"Não acredito que o fim de semana já acabou."

Por meio de nossas experiências, idade, circunstâncias presentes, tempo de descanso e quão ocupados estamos, nossa percepção do tempo se altera. **Os cientistas chamam isso de tempo mental, completamente diferente do tempo cronológico.** O primeiro é como a velocidade do tempo nos parece, já o segundo é uma constante medida pelo tique-taque dos ponteiros de um relógio.

O tempo é um elemento fundamental do nosso ser e como percebemos o mundo ao nosso redor. Nosso senso de ser é moldado pela forma como o cérebro conecta memórias, sensações presentes e a antecipação do futuro. Neurocientistas, especialistas linguísticos, psicológicos e cognitivos estudaram a percepção do tempo de modo extenso por centenas de anos. Algo descoberto é que **a duração percebida é única para cada indivíduo e não se concentra em um sistema sensorial singular.** Em vez disso, a percepção do tempo é um sistema de distribuição combinado que envolve o córtex cerebral, o cerebelo e os gânglios da base.

A lição é a seguinte: **uma vez que você entende como alterar a forma como percebe o tempo, começará a dobrar o tempo e usá-lo a seu favor.**

Tempo é uma Preciosidade

Tempo vale mais do que dinheiro. O dinheiro é um recurso renovável. É possível adicionar mais dólares à sua conta bancária, mas é impossível adicionar mais tempo à sua vida. **Seu tempo é finito.** Se você tem 40 anos, não há possibilidade de voltar o calendário e ter 30 novamente.

Autores, artistas, compositores e poetas romantizaram o tempo ao longo das eras.

> *Os mais fortes de todos os guerreiros são estes dois: tempo e paciência.*
>
> — LIEV TOLSTOI, *GUERRA E PAZ*

> *Os mais sábios são os mais irritados com a perda de tempo.*
>
> — DANTE ALIGHIERI

Minha frase favorita sobre o tempo é, talvez, a mais simples, atribuída a Benjamin Franklin, que disse: *"Tempo é dinheiro."*

Quando seu tempo acaba, não há replays. Não se recupera o tempo. No entanto, nossa riqueza mais valiosa é frequentemente manipulada.

O tempo mental é aquele que percebemos e está diretamente relacionado à interpretação do cérebro de diversas variáveis.

À medida que envelhecemos, a taxa com que nosso cérebro processa imagens mentais e a rapidez com que são percebidas diminui. Faz parte do processo natural. Nossa visão e plasticidade cerebral diminuem, nossos caminhos neurais, que transmitem informações, se degradam, e essas mudanças nos levam a uma sensação de aceleração do tempo. Mesmo que um ato individual aconteça em uma fração de segundo, leva mais tempo para chegar ao mesmo lugar. Perdemos diversas dessas frações de segundos milhares de vezes por dia.

Existem várias outras variáveis que não somos capazes de controlar também. Se estamos fisicamente cansados, nosso cérebro não consegue transferir e processar informações tão rapidamente. Não consegue ver e entender de maneira ideal os estímulos visuais, auditivos ou táteis. **Nossos tempos de reação são lentos, o que nos faz sentir como se o tempo estivesse acelerando. Na realidade, apenas nós desaceleramos em relação ao resto do mundo.**

É por isso que atletas cansados jogam mal. Sua capacidade de processamento torna-se desequilibrada. Confunde o senso temporal. Eles não conseguem ver ou responder às variáveis do jogo de forma eficaz, uma das razões pelas quais até os melhores arremessadores da NBA às vezes acertam apenas 1/4 das tentativas em campo.

Trauma psicológico, uso de drogas, sentimentos intensos de medo ou choque, TDAH, autismo, depressão, esquizofrenia e outros fatores também contribuem fortemente para a alteração de percepção do tempo.

Os Cinco Princípios do Gerenciamento de Tempo

Nos últimos vinte anos, foquei o conceito de maximização de tempo para atingir meus objetivos. O que descobri no início é que **é necessário respeitar a natureza do tempo**. Aqueles que obtiveram sucesso mundo afora adotam isso como base do próprio sucesso, incluindo eu.

Tanto quanto qualquer outra variável, **sua relação com o tempo pode afetar profundamente o quão longe você vai na vida**. Tentei todos os tipos de estratégias de gerenciamento de tempo. Acrescentei e subtraí partes de várias filosofias que faziam sentido para mim. E, eventualmente, desenvolvi o meu próprio: os Cinco Princípios de Gerenciamento de Tempo. Ao adaptá-los e dominá-los em sua própria vida, terá mais sucesso, mais dinheiro, mais produtividade, adicionará camadas de felicidade e construirá a vida que foi feito para desfrutar.

Vamos dar uma olhada nesses cinco princípios.

1. Adicione "Dias" aos Seus Dias

Os pensadores que Vão Além devem deixar de lado a noção de um dia de 24 horas. Funcionava bem antes da internet, smartphones, tecnologia sem fio, carros computadorizados, jatos, satélites e outras ferramentas que permitem expandir nossa pegada e nos mover na velocidade da luz.

Agora é possível enviar um e-mail para qualquer lugar do mundo em um instante. Realizar uma teleconferência com dezenas ou centenas de pessoas 24 horas por dia, 7 dias por semana. Em vez de ir à biblioteca ou vasculhar uma enciclopédia, podemos pesquisar qualquer coisa no Google e obter respostas em questão de segundos.

A capacidade de realizar tarefas se multiplicou exponencialmente. O acesso a informações, pessoas e locais ocorre na velocidade da luz. É por isso que, se quiser conquistar grandes coisas, **o dia de 24 horas será um conceito antiquado.** No meu mundo, e para todos os pensadores que Vão Além, isso não se aplica mais.

Agora é possível realizar mais em cinco minutos, uma hora ou um dia do que poderíamos em uma semana ou mês inteiro há cem anos. **Nossa capacidade de comprimir o tempo é a capacidade de dobrar e manipular o tempo para nossos maiores propósitos.** Adivinhe como isso afeta seus objetivos? Deixa-os ao seu alcance como nunca antes. E quanto mais perto estiver de um objetivo, mais o abordará com urgência.

Essa é uma mentalidade que você pode colocar em prática hoje. É eficaz. Faço isso há mais de vinte anos, então sei que funciona.

De vez em quando, você terá um daqueles dias em que tudo se encaixa. Conseguirá fazer um monte de coisas e ser mais produtivo em quatro ou cinco horas do que em um dia normal. Ou talvez tenha tido um dia em que produziu mais do que em um mês inteiro. **E se pudesse replicar esse efeito todos os dias?**

Veja como.

Em vez de abordar seu dia como um único bloco de tempo, **divida as horas em que estará acordado em três partes iguais, ou minidias.** Para mim, isso significa que meu "primeiro dia" vai das 6h às 12h. Meu "segundo dia" vai das 12h às 18h. E meu "terceiro dia" vai das 18h às 00h. **Enquanto você vive 7 dias em uma semana, eu vivo 21 dias.**

É assim que turbino a forma como gasto meu tempo. Ao criar dias mais curtos, minha mente acredita que cada minuto é valioso. Não perco tempo porque **meu senso de urgência opera em um nível mais alto.** Em vez disso, foco ainda mais o que preciso fazer "hoje". Desse modo, espremo trabalhos, relacionamentos, produtividade, condicionamento físico e diversão em pedaços de tempo mais curtos e intensos. **Encolho a linha de chegada para que tudo o que eu fizer se torne uma corrida veloz.**

Não perca de vista o fato de que sua vida ainda se mantém equilibrada. Ainda há tempo para todas as partes da sua vida. **Tudo o que fez foi apagar as partes inúteis do seu dia.** A princípio, talvez você se sinta intimidado de fazer isso. Mas, ao tentar, substituirá maus hábitos antigos por novos e eficazes. Você se moverá mais rápido e terá maior controle do seu tempo.

Esta é a parte legal de implementar essa mentalidade: imagine o efeito composto de trabalhar 21 dias por semana durante um mês, um ano ou uma década. Ou para o resto de sua vida. Compare isso com seus concorrentes, que veem seus dias como um único bloco de tempo de 24 horas. Na minha opinião, vivo mais de mil dias no mesmo período de tempo em que outras pessoas vivem em um ano de 365 dias.

Quem tem a vantagem? Você já sabe a resposta.

Sou um exemplo vivo do que essa estratégia pode fazer por você, e meus resultados têm sido muito bons até agora.

2. Enxergue o Tempo com um Grande Senso de Urgência

O filósofo alemão Arthur Schopenhauer disse certa vez: "*As pessoas comuns não se preocupam com a passagem do tempo; um homem de intelecto é conduzido por ela.*" Você quer ser comum, ou quer ser uma pessoa talentosa?

A urgência é a chave. Da minha perspectiva, há uma correlação direta entre quão rápido você corre e a proximidade da linha de chegada.

Se observar corredores de longa distância em uma corrida, por que a última volta ou etapa da corrida invariavelmente produz alguns dos tempos mais rápidos da corrida? Em uma maratona de 40 quilômetros, há um ritmo constante. À medida que se aproximam da linha de chegada, sua adrenalina aumenta e eles mudam de marcha. Há mais esforço porque estão mais perto de completar a tarefa e cruzar a linha de chegada. Isso produz uma liberação de endorfinas, e você tem aquela sensação calorosa e positiva.

Agora pense em uma corrida de 100 metros. É uma corrida rápida do início ao fim. Abordagem de urgência máxima. Uma mentalidade diferente é necessária para fazer o seu melhor. Seu corpo e seu cérebro respondem a um conjunto diferente de estímulos.

Não é a falta de visão que leva as pessoas ao fracasso. É o tipo de visão que elas possuem para cruzar a linha de chegada.

Sua percepção de profundidade afeta sua capacidade de convocar esse senso de urgência necessário para obter um desempenho melhor. Se o objetivo está mais distante, você corre devagar, mas com constância, em direção a ele. Quando está bem na sua frente, corre o mais rápido que puder.

Veja outro exemplo. Você é um aluno que recebe um projeto importante no início do semestre, com prazo para o final do semestre. Começa o projeto imediatamente? A maioria das pessoas deixam o projeto em segundo plano. Discretamente, o colocam na prateleira mais alta de sua vida, sabendo que lidarão com isso mais tarde. Isso até que o prazo se aproxime.

Em algum momento, pânico, medo, pavor, pensamentos de "eu odeio a faculdade" e "acho que vou me tornar um bartender" aparecem. Mas se tivesse atacado esse projeto com um senso de urgência o mais rápido possível, a sombra iminente, o bicho-papão, a fera assustadora diante de você, seriam reduzidos a quase nada.

Ao aplicar esse pensamento a tudo o que faz ao longo do dia, semana ou ano, fará mais e desfrutará de uma sensação de realização com a qual os outros apenas sonham.

3. Aprenda a Controlar o Tempo Em Vez de Deixar que Ele o Controle

Ao administrar seu tempo com um senso de urgência, você se tornará o mestre em vez do servo. Mover-se mais rápido o deixa no controle do seu tempo com mais frequência. Há um senso de urgência e uma definição clara do que importa. Isso lhe permite gastar mais tempo com o que é significativo e gratificante para você.

Controlar o tempo é uma mentalidade que deve ser ativada assim que seu cérebro acordar de manhã. Se sua mente estiver no lugar certo, o controle começará antes mesmo de seus pés tocarem o chão pela manhã. Ao acordar, seu cérebro já está planejando seu dia. **Você presta atenção em quais são seus primeiros pensamentos diários? Os primeiros trinta minutos do seu dia são críticos.**

Pense nas palavras "oportunas" do estadista britânico Lorde Chesterfield: *"Preste atenção aos minutos, e as horas se resolverão por conta própria."*

A maneira com a qual aborda os primeiros trinta minutos do seu dia definirá o tom que equilibrará as horas seguintes. Isso significa ficar longe de seu telefone, computador, televisão ou qualquer outra forma de estímulo que possa distraí-lo do que é importante. Em vez disso, use esses trinta minutos para planejar seu dia; revisar suas reuniões, telefonemas e projetos; criar prioridades, meditar, orar, alongar-se, praticar a equanimidade, reafirmar seus padrões e atualizar-se quanto aos seus objetivos.

Antes que seu cérebro fique cheio de pessoas, eventos e informações diárias, dê a ele a chance de se concentrar. Seu cérebro recebe a mensagem de que você está no controle, e não o mundo. Será capaz de começar o dia com mais confiança e com os propósitos de sua escolha.

É claro que surpresas, mudanças e redirecionamentos surgirão ao longo do dia. Reaja de acordo. Mas, ao lidar com o inesperado, terá maior controle e trabalhará em direção aos seus objetivos de vida em vez de apenas reagir aos outros.

Em outras palavras, **estabeleça os seus termos diários ou seu dia os estabelecerá por você.**

4. Meça Sua Performance Com Frequência

Onde o desempenho é medido, ele melhora. Uma medição atenta é essencial. Todos os principais especialistas em motivação e organização, de Zig Ziglar a Peter Drucker, incorporam essa ideia em suas estratégias fundamentais por um motivo simples.

Medir a performance funciona.

À medida que reduz seus prazos e aumenta sua urgência, você também precisa diminuir os intervalos de frequência com que mede seu desempenho. Se não separar tempo para isso, terá mais dificuldade em corrigir o curso. O que leva à ineficiência e perda de tempo.

Apenas se certifique de estar medindo as coisas certas. Seja claro sobre seus objetivos, prioridades e padrões. Entenda como eles trabalham em conjunto uns com os outros. Aprenda a identificar não apenas os pontos fracos, mas as potenciais fontes desses pontos fracos.

John Wooden, o lendário treinador de basquete da UCLA, colocou isso em perspectiva, dizendo: *"Se você não tiver tempo para fazer direito, quando terá tempo para fazê-lo de novo?"* Wooden era um defensor de fazer as coisas da maneira certa, até a forma como seus jogadores amarravam os sapatos. Ajustou todas as técnicas e processos em suas equipes por anos, aceitando um único padrão e medindo as etapas intermediárias quase diariamente.

Se sua meta é correr 1,5 quilômetro em 5 minutos, ou aumentar suas vendas em 50%, ou sua renda em US$50 mil, como saberá que está atingindo essas metas a menos que observe os números? Se não o fizer, estará apenas jogando dardos a esmo e esperando atingir os alvos.

As pessoas comuns avaliam a si mesmas uma ou duas vezes por ano. Mas apenas fazer resoluções de Ano Novo não é apropriado para os pensadores que Vão Além. Aqueles com os melhores desempenhos medem-se mensal ou semanalmente.

Você faz o balanço do que conquistou na semana em uma noite de sexta-feira? Faz um balanço e define seus planos para a próxima semana em uma noite de domingo? Os que se destacam, os pensadores que Vão Além, passam por esse processo diariamente.

Há um nível além das medições diárias. Algumas pessoas se medem de hora em hora. A elite tem um mecanismo interno que é acionado por meio da urgência. Treinei para fazer isso e não minto quando lhe digo que, por mais difícil que pareça, essa disciplina me serviu bem.

Pense por um momento. Quem se sairá melhor? A pessoa que reduz o intervalo de medição ou a que raramente sabe onde está? Você também já sabe a resposta.

5. Foque o Futuro

Muitas pessoas estão presas no passado. Isso mata a capacidade de ser produtivo no presente. E lhes rouba a capacidade de fazer planos para o futuro.

O passado se foi para sempre, mas até se libertar dele, ele será um ladrão que roubará sua capacidade de sonhar e imaginar. Gaste tempo pensando no seu futuro, porque é para lá que você está indo.

Além disso, permaneça conectado ao presente, porque é assim que poderá construir um futuro melhor.

Fico louco quando vejo tantas pessoas presas em um loop de como suas vidas seriam diferentes hoje, "se apenas" tal grande coisa tivesse sido diferente. **Pessoas que saem de relacionamentos ruins ou tentam se distanciar de uma dinâmica familiar ruim são particularmente vulneráveis a pensamentos sobre o passado.**

Isso não quer dizer que você não deva abordar o trauma do seu passado. É necessário encontrar uma maneira de processá-lo e seguir em frente. Se não puder, a única pessoa que estará machucando é a si mesmo e as pessoas com quem se importa agora.

Por outro lado, não caia na armadilha de se apaixonar pelo seu passado se grandes coisas estiverem acontecendo, se obteve um diploma universitário, conseguiu uma grande promoção no emprego, se casou e assim por diante. Essas coisas são boas, mas se focar demais esses louros, ainda não estará vivendo no presente e construindo um futuro melhor. Como Coco Chanel disse uma vez: *"Não perca tempo batendo em uma parede, esperando transformá-la em uma porta."*

Os pensadores que Vão Além têm a capacidade inata de passar o tempo sonhando e imaginando seu futuro enquanto tomam ações decisivas no presente para moldar o que virá.

Mude a Percepção dos Outros sobre Você

Ao incorporar os Cinco Princípios de Gerenciamento do Tempo em sua vida, a forma como os outros o veem também mudará. **Ao enxergarem que você não perde mais tempo, eles também deixarão de desperdiçar seu tempo.** Verão que você também não gasta muito mais tempo cuidando das prioridades de outras pessoas porque está muito focado em cuidar das suas.

No trabalho, seja razoável. Encontre uma maneira de transformar os objetivos do seu empregador nos seus e misturá-los para criar harmonia.

Seus amigos, familiares e colegas de trabalho entenderão que você está em modo de ataque na vida em vez de estar no modo de reação. Eles o respeitarão, e seu relacionamento será redefinido.

Esse será um benefício adicional que mudará sua vida, porque seu novo gerenciamento de tempo será, na verdade, um novo gerenciamento de vida.

Além disso, à medida que muda sua abordagem ao tempo, estará aberto a conhecer pessoas novas com quem compartilhará opiniões e embarcará em novos projetos e aventuras que considerava serem apenas um sonho.

Vou deixá-lo com este último pensamento sobre o tempo, de Charles Darwin. *"Um homem que se atreve a desperdiçar uma hora não descobriu o valor da vida."*

Pare de perder tempo e comece a usá-lo a seu favor para avançar naquilo que lhe é importante.

Uma Emoção Além

As emoções não expressas nunca morrem. Elas são enterradas vivas e saem de piores formas mais tarde.

— SIGMUND FREUD

AMOR E ÓDIO. ALEGRIA E TRISTEZA. PAZ E FÚRIA. SATISFAÇÃO E RAIVA.

Por que é tão importante entender as emoções? Como podemos usá-las para obter certo controle em nossa vida? Porque ela está diretamente ligada à qualidade de nossas emoções.

Mostre-me alguém que sente satisfação, alegria, amor, paz e paixão regularmente, e eu lhe mostrarei alguém que leva uma vida incrível. Mostre-me alguém dominado pelo ódio, tristeza, depressão, raiva e ansiedade e lhe mostrarei alguém que leva uma vida difícil.

Não é o modelo das casas, carros ou outros bens materiais dessas pessoas que determinam a qualidade de vida delas. É a qualidade das suas emoções. **Você vive em um lar emocional. Acima de tudo, as emoções que escolhe para preencher essa casa é a realidade da sua vida.**

Todos nós sentimos cinco ou seis emoções consistentes nessa casa todos os dias. E não importa quais sejam suas condições de vida, você encontrará uma maneira de senti-las. **Cada um de nós está condicionado a retornar ao próprio lar emocional, mesmo que isso nos prejudique.**

Já percebeu que não importa o que esteja acontecendo em sua vida, você sempre parece encontrar as mesmas seis emoções? Por exemplo, talvez busque preocupação, insegurança, medo e ansiedade, não necessariamente porque deseja. Faz isso porque essas emoções são familiares. **Sua mente buscará o que lhe é familiar porque isso dá certo nível de conforto, mesmo que isso não lhe beneficie.** As sinapses em seu cérebro estão condicionadas a buscar e encontrar essas emoções.

Você vive nesse lar emocional. E a verdade é que, ao mudar de vida, terá que limpar a casa e transformá-la também.

Isso não quer dizer que todas as emoções não tenham seu lugar no mundo. Aquela busca contínua por emoções positivas e a tentativa de evasão das negativas é uma espécie de falácia. **Todas as emoções nos servem de uma forma ou de outra.** Certa ansiedade é tão importante quanto a felicidade ou alegria. A ansiedade é um sistema de alerta que nosso cérebro usa como meio de proteção.

O que chamamos de emoções negativas também serve a propósitos importantes em muitos casos. Pense nas emoções não como negativas ou positivas. As emoções apenas "são".

Ambos os lados do seu quociente emocional devem ser gerenciados intencionalmente. **Muito de qualquer emoção, sejam as boas ou ruins, não lhe faz bem.** Seu objetivo deve ser sentir emoções específicas em seu lar emocional, independentemente dos fatores externos à sua vida, como ter um certo tipo de trabalho, morar em um certo tipo de casa ou dirigir um certo tipo de carro.

O incrível é que, ao manter sua casa emocional em ordem, é mais provável que consiga aquele emprego, casa ou carro. Muitos pensam que, se conseguirem essas coisas, sentirão as emoções positivas associadas ao alcance dessas metas. Os pensadores que Vão Além invertem essa sequência.

Sua intencionalidade funciona sem descanso, seja diária ou anualmente, ao colocar as próprias casas emocionais em ordem e decidirem quais emoções mais desejam sentir. **Como um pensador que Vai Além, pergunte-se: "Quais são as cinco ou seis emoções que mais desejo sentir?"**

Quando fizer isso, o sistema de ativação reticular em seu cérebro trabalhará para encontrar as circunstâncias que criarão essas emoções. Uma vez ativadas, as prejudiciais serão desativadas e substituídas por emoções positivas que ativarão plenamente a sua melhor versão.

Entenda o DNA das Emoções

Quanto mais entender a gênese e a relação entre todas as suas emoções, mais fácil será se afastar das destrutivas e substituí-las pelas positivas.

As emoções são o principal condutor da sua personalidade. Elas influenciam fortemente centenas de decisões que você toma todos os dias. São complexas, às vezes imprevisíveis e podem surgir de maneiras e momentos completamente inesperados. Platão disse certa vez: "*O comportamento humano flui de três fontes principais: desejo, emoção* *e conhecimento.*" Desejo e conhecimento são aquilo que adquirimos em resposta aos estímulos que recebemos por meio da nossa vivência.

As emoções são diferentes. Nascemos como criaturas emocionais. Elas estão em constante evolução, e a complexidade de nosso quociente emocional é única a cada um de nós. Elas guiam nossas ações e fazem parte do nosso DNA individual.

Os cientistas sabem que as emoções estão codificadas em nosso DNA como uma resposta de "nível inferior" a estímulos externos. Acredita-se que tenham se desenvolvido como uma forma de respondermos a diferentes ameaças ambientais, principalmente a resposta de "luta ou fuga".

Elas emanam das áreas subcorticais do cérebro, incluindo a amígdala e o córtex pré-frontal ventromedial. **Ao serem desencadeadas, as emoções produzem reações bioquímicas que impactam diretamente o estado físico de uma pessoa.** A amígdala também desempenha um papel na liberação de neurotransmissores essenciais na criação de memórias. Sem ir muito a fundo, essa é a razão pela qual as memórias emocionais são mais robustas e fáceis de recordar.

Todas as Emoções são Propositais

Assim como as positivas, as emoções negativas são uma fonte valiosa de informações cognitivas que o auxiliam a entender aquilo que está ao seu redor. Elas o ajudam a identificar ameaças e a se precaver contra possíveis perigos. **As emoções negativas são um contrapeso essencial para ajudá-lo a ver os dois lados de uma situação.**

Embora o medo e a ansiedade sejam vistos como sentimentos negativos, eles podem ser o que o estimularão a agir e mudar sua vida ao reconhecer a presença deles. Se aproveitadas adequadamente, as emoções negativas servirão de motivadores que nos ajudarão a abordar e corrigir comportamentos.

A culpa está ligada à nossa bússola moral e, ao sentir essa emoção internamente, nos punimos por acreditarmos que fizemos algo errado. A culpa nos impede de fazer coisas ruins, como cometer crimes, trair nosso cônjuge, sonegar nossos impostos ou beber e dirigir.

Da mesma forma, o ciúme às vezes é chamado de inveja benigna. Algo capaz de motivar alguém a acreditar que, se outra pessoa consegue atingir uma meta, como tirar uma boa nota ou atingir uma alta quantia em vendas, isso também está dentro do seu alcance. **Reformule o ciúme como algo bom e o enxergue como uma meta pessoal e acessível.**

A chave é manter essas e outras emoções negativas sob controle. Se nos envolvemos em um ciclo interminável de emoções negativas, entraremos em apuros. Afundar-se nelas pode prejudicar nossa capacidade de pensar direito, principalmente se forem incrivelmente intensas.

Você e suas emoções são um só. E se não for intencional ao interagir e se mover em direção às que deseja, viverá a mesma vida sempre. **Se aprender a identificá-las, elas afrouxarão o controle sobre você. Ter consciência significa que está tomando as rédeas da situação.**

Como um pensador que Vai Além, comece a substituir as emoções prejudiciais dominantes por emoções úteis ao tomar o controle. Emoções novas e positivas o energizarão. Elas o ajudarão a traçar novos objetivos e direções. Você achará mais fácil realizar as tarefas complicadas da sua vida se viver com confiança e felicidade, em vez de dúvida e desespero.

Imagine o que aconteceria se você pudesse reconstruir sua estrutura emocional, uma emoção de cada vez, e se colocar em posição de se tornar um milionário, comprar a casa dos seus sonhos ou encontrar sua alma gêmea. Inverter suas emoções e sair de uma mentalidade de "não consigo" para a mentalidade "eu consigo" é um passo essencial para fazer todas essas coisas acontecerem.

Por que Você Acumula Emoções

Mudar sua mentalidade emocional é um desafio, não vou mentir. Existem barreiras mentais a serem superadas, pois você foi pré-condicionado a pensar de maneira que lhe traga conforto e faz de tudo para evitar a dor. **Frequentemente, você age de certa maneira porque acha que receberá uma resposta emocional específica.** Compra flores para sua esposa ou namorada porque deseja mostrar seu amor e se sentir amado também. Faz uma longa caminhada sozinho na praia ou em um parque para clarear a mente e encontrar a paz. Trabalha duro para atingir uma meta de trabalho de final de ano porque sabe que gostará do reconhecimento que receberá e do orgulho que sentirá.

As emoções são mais fortes e permanentes do que os sentimentos. Sentimentos são reações emocionais. São mais transitórios e superficiais por natureza. As respostas emocionais são mais profundas e podem ser medidas por indicações físicas. Que coração de mãe não dispara quando seu filho chega em casa depois de uma longa estadia nas forças armadas e a surpreende? Se brigar com seu cônjuge, em algum momento ele parará de falar com você, mas a linguagem corporal dele dirá tudo o que precisa saber. Estudos até mostraram que a raiva doentia e reprimida pode ser associada ao câncer.

Desacompanhadas de emoções positivas, as emoções negativas podem criar um fluxo interminável de ruminações. Esse padrão de pensamentos negativos aumenta os níveis de estresse do cérebro e inunda nossos corpos com o hormônio do estresse, o cortisol, o que pode levar à depressão, comer em excesso, abuso de drogas e álcool, pressão alta e doenças cardiovasculares.

Embora você deseje acumular e sentir apenas emoções positivas, o fato é que é normal sentir todo o tipo de emoções. Isso significa que raiva, medo, nojo, tristeza, desprezo, vergonha, culpa e outras emoções que consideramos negativas são tão normais quanto surpresa, felicidade, satisfação, alegria, alívio etc. **Ao tentar reprimir emoções negativas percebidas em favor de buscar e permitir que apenas emoções positivas existam em sua mente, você derruba um equilíbrio delicado e, em vez disso, cria problemas.**

Acumular emoções enfraquece sua capacidade de distinguir entre a realidade e o que acha que é a realidade. Por sua vez, isso cria uma desordem emocional capaz de afetar todas as áreas da sua vida. Você conheceu pessoas em sua vida que estão extremamente felizes o tempo todo e conheceu aqueles que estão sempre deprimidos. Os dois tipos podem ser difíceis de conviver. Isso porque ambos estão se protegendo de emoções genuínas, escondendo-se no meio dessa confusão emocional.

O Ato de Fazer uma Faxina Emocional

Classificar as emoções de uma maneira que o ajude é um processo intencional. Tenha em mente que suas ações podem lhe trazer certas coisas e resultados materiais, mas com a mesma frequência, **deseje a emoção ligada a esses resultados.**

As pessoas são intencionais em suas ações, mas raramente passamos tempo suficiente pensando nas emoções associadas a elas. Para que isso aconteça, devemos olhar o que queremos mais de perto. E devemos ser verdadeiros quando o fizermos. O autor de *Pai Rico, Pai Pobre*, Robert Kiyosaki, disse o seguinte: "*As emoções são o que nos tornam humanos. O que nos tornam reais. A palavra 'emoção' representa energia em movimento. Seja sincero a respeito de suas emoções, e use sua mente e suas emoções a seu favor, não contra você.*"

As pessoas são um composto de um pequeno punhado de emoções com as quais convivem todos os dias. Elas criam nosso lar emocional. Como qualquer casa, ela pode não ser perfeita, mas é confortável.

Independentemente do nosso ambiente físico, alguns de nós têm muitas emoções positivas. Em nosso lar emocional, rotineiramente experimentamos alegria, satisfação, orgulho e muito mais. Mas outros vivem em lares feios dominados pelo ressentimento, raiva, desconfiança, depressão e estresse. Esses visitantes indesejados são instáveis e descontrolados.

E nos prejudicam.

Assim como todos os hóspedes que ficam muito tempo, **nos tornamos insensíveis ao seu domínio sobre nós**. Eles se tornam nosso modo de vida. Para piorar as coisas, visto que somos programados a ir atrás das coisas sem prestar atenção nas nossas emoções, quando falhamos, esses sentimentos ruins crescem e crescem.

O ato de organização emocional significa expulsar esses hóspedes indesejados para que você possa convidar outros mais positivos para uma estadia prolongada e permanente.

 ## Seja Honesto e Intencional

Os pensadores que Vão Além devem escolher mudar suas emoções prejudiciais. Ao fazer isso, seu lar emocional mudará. Na verdade, é como se mudar para um endereço totalmente novo.

Não basta agir para conseguir o que deseja. Todos nós já ouvimos histórias de pessoas que conquistaram fortunas, mas que também levavam vidas problemáticas e miseráveis. Vivem com medo, ganância e desconfiança, mesmo que morem em uma mansão de US$10 milhões e tenham US$100 milhões no banco.

Elas caíram na armadilha de acreditar que seriam felizes se ficassem ricas. Mas o problema é que não escolheram conscientemente ser felizes. Praticar a gratidão. Serem gentis e generosas. Não foram intencionais. E agora, mesmo que externamente pareçam ser de um jeito, a menos que tenham superado as emoções negativas avassaladoras, estão morrendo lentamente por dentro.

Pergunte-se: se pudesse escolher ter US$100 milhões no banco, mas não tivesse paz em sua vida, faria esse sacrifício? **Quanto custa a sua alegria e felicidade?** Agora, se pudesse escolher ter US$1 milhão no banco, mas estar plenamente contente, cercado de pessoas que ama e que também o amam, e ansiasse viver cada dia, você diria "sim"?

Como eu disse, mudar as emoções é um ato intencional e **um exercício de honestidade**. Como a autora best-seller Therese Benedict coloca: *"Quando você tem uma vida honesta, vive uma vida de verdade."* Se não consegue ser sincero consigo mesmo, que direito os outros têm de esperar que você será honesto com eles? Ser honesto e intencional são dois dos melhores presentes que pode dar a si mesmo. **A honestidade é o ponto de partida de onde emana toda emoção. A intencionalidade é o músculo de que você precisa para alcançar as emoções honestas.**

Felizmente, ao definir seus padrões e metas da maneira certa, poderá ter US$100 milhões no banco e conviver em paz com as emoções que lhe são úteis.

Encha sua Casa de Emoções Positivas

Existem algumas ações que pode tomar para caminhar em direção à reformulação consciente de sua mentalidade emocional. Terá mais sucesso ao convidar o tipo certo de emoções para sua casa se fizer o seguinte:

- **Medite.** Ao desacelerar seu cérebro, você se concentrará e focará aquilo que deseja, então seu cérebro se comprometerá e o aproximará desses objetivos. Ao decidir de maneira consciente que deseja liberar sua raiva ou medo, abrirá espaço para paz e tranquilidade.

Medito diariamente antes de começar meu dia. Elimino os pensamentos negativos que não me servem. Pratico gratidão e positividade. Concentro-me naquilo que preciso fazer durante o dia e depois me envolvo em minhas prioridades. Acima de tudo, sigo em frente, não para trás.

- **Encontre o equilíbrio.** Se tudo o que faz é trabalhar, mesmo que goste, não terá tempo para descansar e se recuperar. Quaisquer contratempos ou emoções negativas podem se acumular e produzir a desordem exagerada de que comentei. Dedique tempo a atividades e pessoas que trazem equilíbrio à sua vida. Para mim, isso pode ser uma partida de golfe ou levar os cachorros para passear. Ambos são pausas relaxantes de que preciso para restaurar minha saúde emocional. Crie novos hábitos. Estabeleça novas metas. Pratique o autocuidado tão necessário de maneira rotineira.

- **Identifique seus gatilhos.** Voltemos à intencionalidade. Descubra o que o deixa com raiva ou o frustra. Não suporta quando as pessoas se atrasam para compromissos ou cancelam no último minuto? Existe um colega de trabalho particularmente irritante que faz sua pele coçar? A política, os impostos, o aquecimento global ou a negligência infantil mexem com você? Reserve um tempo para perceber o que lhe perturba. É possível mudar e controlar algumas coisas. Outras não. Gerencie seus gatilhos ou eles o consumirão.

- **Decida mudar a maneira como pensa**. Identifique uma emoção negativa da qual gostaria de se livrar ou uma positiva que gostaria de desfrutar mais e faça um esforço consciente para seguir nessa direção. Ao fazer isso, considere o que Provérbios 23:7 diz. *"Porque, como imagina no seu coração, assim ele é."*

Ao ser capaz de alinhar seu coração e sua mente, estará pronto para colocar o poder de Uma Emoção Além para trabalhar a seu favor.

Uma Associação Além

Você nunca ultrapassará seu próprio círculo interno.

— JOHN WOODEN

AO REFINAR SUAS ASSOCIAÇÕES, você se permite transformar suas ações e potencializar radicalmente seus resultados. Talvez esteja apenas a uma associação além de mudar toda a sua vida.

Como um pensador que Vai Além, é sua obrigação refinar seu grupo de amigos e familiares, para que eles agreguem valor aos seus pensamentos, metas, critérios e resultados. Uma das dinâmicas mais poderosas do mundo é ser produtivo e feliz tal como esperado pelo seu grupo de colegas.

O ponto é o seguinte: talvez precise mudar ou expandir com quem se associa, porque é **fundamental filtrar aqueles que permite entrar**

em seu círculo íntimo, e você deve cultivar e investir nessas pessoas como uma maneira de investir em si mesmo.

 ## Suas Relações o Definem

Seus relacionamentos afetam diretamente como você existe no mundo. Desde o dia em que nasceu, uniu-se a outros humanos. Seus cuidadores e familiares imediatos eram o seu mundo inteiro desde o início. À medida que cresceu, amigos, pessoas com interesses em comum e colegas de trabalho se tornaram seu foco.

Você foi definido por todos esses relacionamentos durante toda a sua vida. Alguns agregaram um valor tremendo. Outros foram uma grande perda de tempo.

Considere as palavras do poeta John Donne, que escreveu:

> *Nenhum homem é uma ilha,*
> *Isolado em si mesmo,*
> *Cada ser humano é uma parte do continente,*
> *Uma parte de um todo.*
> *Se um torrão de terra for levado pelas águas até o mar,*
> *A Europa ficará diminuída.*
> *Como se fosse um promontório.*
> *Como se fosse o solar de teus amigos,*
> *Ou o teu próprio:*
> *A morte de qualquer homem me diminui,*
> *Porque sou parte do gênero humano,*
> *E por isso,*
> *Não pergunte por quem os sinos tocam;*
> *Eles tocam por ti.*

Suas associações o ligam ao mundo. Você não é uma ilha. Em vez disso, faz parte de uma teia de humanidade articulada que molda sua identidade com base em suas associações. Sendo assim, **as pessoas com quem passa mais tempo serão aquelas que mais o influenciarão.**

Por mais que tenha certa decisão sobre seus relacionamentos com seus parentes de sangue, é impossível alterar seu DNA. Talvez opte por limitar a forma como interage com os membros da família que são tóxicos, autoritários ou pessimistas. Infelizmente, os relacionamentos familiares são complicados, portanto, para os propósitos de um pensador que Vai Além, **concentre-se nos relacionamentos sobre os quais é possível ter muito mais controle... seus iguais.**

Seus iguais serão a força e a influência mais poderosas do seu mundo. Tenha o máximo de cuidado com quem entra nesse grupo. **Para ter sucesso na vida, os princípios do seu grupo devem estar alinhados aos seus.** Os princípios deles devem se tornar os seus e vice-versa.

William J. H. Boetcker disse: *"Um homem é julgado pela companhia que mantém, que é julgada pelos homens que a mantém, e as pessoas das nações democráticas são julgadas pelo tipo e pela capacidade daqueles que elas elegem."*

Seja prudente com suas companhias. Queira ou não, **você é a soma de seus relacionamentos e será julgado por isso.** Seus relacionamentos são uma grande parte de como o mundo o enxerga. Isso pode funcionar contra ou ao seu favor.

Se ainda não obteve todos os resultados que deseja na vida, observe seus relacionamentos mais próximos. Talvez descubra que um relacionamento já não lhe agregue, que você mudou, que a outra pessoa mudou ou que o tempo e a distância significam que o vínculo não é mais tão forte a ponto de beneficiá-lo.

Quando isso acontece, é hora dos pensadores que Vão Além considerarem a possibilidade de adicionar novas e diferentes associações às suas vidas.

 ## O Alvo dos Seus Relacionamentos

Pense em seus relacionamentos como uma série de círculos concêntricos, como um alvo.

Cada espaço circular representa diferentes níveis de intimidade das pessoas presentes em sua vida. Quanto mais perto do centro do círculo estiver, mais perto estará das pessoas com quem se conecta sincera e profundamente.

Por exemplo, a parte mais externa do círculo está preenchida de estranhos que você encontra diariamente. Podem ser as pessoas sentadas na mesa ao lado em um bar de esportes, enquanto assistem ao mesmo jogo. Ou um cliente em potencial que liga para saber mais sobre seus produtos ou serviços. Esses estranhos aparecem constantemente em sua vida e logo desaparecem, para nunca mais serem vistos ou ouvidos de novo. Em geral, o impacto deles em sua vida é insignificante.

Os conhecidos são aqueles que você vê de vez em quando, como o açougueiro atrás do balcão de carnes do supermercado ou os pais dos amigos dos seus filhos. São as pequenas conversas ao longo do tempo que o liga a essas pessoas, e assim desfruta de interações aleatórias quando as encontra.

Relacionamentos casuais o aproximam ainda mais dos outros. Pense nessas pessoas como seu círculo externo de amigos. Os professores dos seus filhos, pessoas que vê em festas em casa e membros dos mesmos clubes ou organizações às quais pertence. Você investe sua energia relacional de forma limitada nesses casos. Sente-se confortável em compartilhar informações e tende a gostar dessas pessoas, mas seu relacionamento com elas é reservado e não se esforça para mantê-las em sua vida.

O círculo mais interno é pequeno e consiste em apenas algumas pessoas que o impactam diariamente. Essas pessoas podem ser seu côn- juge, filhos ou pais. Mas esse nem sempre é o caso. Não há regras rígi- das e simples que ditam que parentes consanguíneos devam ter acesso imediato. **Nem todos os amigos e familiares de longa data acabam fazendo parte do seu círculo íntimo**, e não há problema nisso. Você ainda pode ser próximo dessas pessoas. A relação com elas é notável e digna de seu tempo e compromisso.

Seu círculo interno pode incluir um mentor ou um parceiro de negócios que trabalhou ao seu lado para construir do zero uma empresa compartilhada e torná-la próspera. Talvez inclua um amigo com quem você apenas se dá bem. Há um vínculo de confiança, compromisso e familiaridade que os aproxima, e não há um cronograma definido sobre a rapidez com que esses relacionamentos devem se desenvolver. Algu- mas relações levam anos e outras podem se desenvolver em questão de meses.

Esses vínculos permanecem fluidos e, quando mudam, você preci- sará considerar novas associações.

Você está no centro de todos esses círculos. **Você é o *centro* do alvo.** É natural que as pessoas entrem em sua vida e se aproximem ou se afastem do centro do alvo. Isso pode levar anos ou apenas algumas se- manas, mas raramente ficarão estagnadas em um círculo durante toda a sua vida.

Essa é outra maneira de explicar a expressão de que as pessoas entram em sua vida por "uma razão, uma estação ou uma vida inteira". **Eventualmente, a associação de cada uma delas será revelada. Quan- do esse propósito for percebido, seu relacionamento mudará e novas associações surgirão para preencher o vazio.**

As pessoas presentes em cada um desses círculos influenciam sua vida. Quanto mais perto chegarem do centro do círculo, maior será o potencial para um diálogo contínuo e significativo e o impacto que terão sobre você. Os limites entre esses círculos são fluidos e dinâmicos. Relacionamentos mudam constantemente e as pessoas passam de um círculo para o outro, dependendo de como a sua vida ou a deles muda. O tempo e as circunstâncias criam esse fluxo giratório de pessoas que se movem de um círculo para outro o tempo todo.

Observe Bem seu Círculo Íntimo de Amigos

Todos os círculos da sua vida o influenciam de uma forma ou de outra. Mas são as associações do seu círculo íntimo que mais o farão. É por isso que, ao adicionar ou descartar uma associação em seu círculo interno, você experimentará a maior mudança.

Pense no pequeno grupo de amigos próximos em sua vida. Quem são as duas, três ou quatro pessoas fora da sua família com quem passou mais tempo nos últimos noventa dias? Essas pessoas têm duas ou três coisas em suas vidas, sejam bens materiais, sucesso nos negócios, nível de condicionamento físico, espiritualidade ou outras emoções que experimentam, que você deseja desesperadamente em sua própria vida? Se não conseguir identificar rapidamente essas coisas, esses relacionamentos podem não atender às necessidades do seu círculo íntimo.

As pessoas ainda podem agregar valor ao seu relacionamento com elas, mas, para o propósito desta discussão, me refiro a associações que podem mudar sua vida. Se elas não têm nada na vida que você não tenha e deseja, é hora de reavaliar se não deve procurar outras associações para atender às suas necessidades.

Por outro lado, se essas pessoas têm coisas em suas vidas que você deseja desesperadamente evitar, como estar sem dinheiro, incapacidade, raiva constante, preguiça e assim por diante, precisará avaliar sua proximidade com elas imediatamente. Mesmo que o amor seja mútuo, essa avaliação ainda é necessária, porque o que eles têm influencia o que você terá.

Adicionar à sua vida pessoas que possuem aquilo que mais deseja é um processo contínuo. É assim que funciona. **A proximidade com as pessoas causa familiaridade, e nosso cérebro se move em direção a isso.**

Qualidade e não quantidade também é essencial. Mesmo uma pequena quantidade de tempo gasto com as pessoas certas pode fazer uma grande diferença. Há apoio e aprendizado mútuo. Você ri, chora e sente o que elas sentem. Elas ficam genuinamente felizes com os seus sucessos, e, por sua vez, você se encanta com os delas. É um tipo de glória equivalente quando um de seus amigos mais próximos triunfa porque você também se sente assim.

Pense em algumas das sinergias que surgem de amizades famosas em círculos íntimos. Steve Jobs e Steve Wozniak. Tina Fey e Amy Poehler. Warren Buffett e Charlie Munger. Ice Cube, Dr. Dre e NWA. Oprah Winfrey e Gayle King. Uma lista sem fim.

Uma arte brilhante ou realizações de qualquer tipo geralmente são a visão de uma única pessoa, mas realizadas com a ajuda de um círculo interno de amigos que trouxeram essa paixão à vida.

Pense em bandas como Foo Fighters, Imagine Dragons, Florida-Georgia Line, Green Day, Linkin Park ou qualquer outro grupo que se destacou no mundo da música. Todos são excelentes exemplos de um esforço colaborativo em prol de um único objetivo.

Quando você e seu círculo interno estão alinhados, a vida de todos os envolvidos flui. Cargas se tornam mais leves. A confiança reina.

Você fica feliz. Irradia coisas positivas para todas as partes da sua vida e para a dos outros.

Por outro lado, às vezes seu círculo interno não agrega mais o valor que você precisa. A culpa não é de ninguém, a vida muda. É incrível a rapidez com que alguém pode cair em desgraça ou se tornar um estranho em comparação com a pessoa que conheceu.

À medida que sua vida muda, seus amigos mudam também. Assim como seus pensamentos e crenças. Você continuará a crescer, e talvez isso não ocorra com eles. Pode ser um momento difícil chegar a essa conclusão. No fundo, você saberá. Então terá de decidir como deseja que sua amizade mude.

As pessoas entram e saem de nossas vidas o tempo todo. **Tudo tem um prazo de validade,** e quanto mais cedo aceitar que uma amizade, embora ainda digna de mérito, não atende aos critérios exigidos para satisfazer suas necessidades de mais alto nível, aceitará que provavelmente precisará encontrar uma nova associação em sua vida. Você deve então escolher intencionalmente mover essas pessoas do seu círculo interno para o externo, e dar a oportunidade de expandir seu círculo interno para novas associações.

Assim como os carros precisam de manutenção regular, suas associações também. Avalie se a permanência delas no seu círculo interno ainda é apropriada. Não seja irreverente sobre isso. **Seja honesto sobre aquilo que precisa das pessoas de quem mais precisa.** Como Benjamin Franklin advertiu: *"Tenha cuidado ao escolher um amigo. Tenha ainda mais cuidado ao trocar de amigo."* Palavras com tanto significado hoje quanto há mais de duzentos anos.

Não considere essa responsabilidade levianamente. Mas também não a negligencie simplesmente porque não quer tomar uma decisão difícil. Os pensadores que Vão Além reconhecem que os relacionamentos se expandem e se contraem com o tempo. Esse movimento permite que uma associação a mais agregue um valor imensurável e nos dê mais da vida que merecemos.

Faça uma Audição para Seu Círculo Interno

Dinâmicas familiares podem ser desafiadoras. Na maioria das vezes, aceitamos alguns de nossos familiares imediatos em nosso círculo íntimo. Não é possível escolher os membros da sua família, mas você pode escolher quem deseja incluir em seu círculo íntimo de amigos. A maneira como decide quem serão essas pessoas afetará grande parte de sua vida, portanto, decida com cuidado.

Para mim, de três a cinco amigos é o que funciona melhor. Seu círculo interno pode ser um pouco menor ou maior. **Mas não se prenda à ideia de que é preciso ter quinze ou vinte pessoas em seu círculo íntimo.** Isso dilui a qualidade das associações nas quais precisará confiar. Também são pessoas demais para acompanhar, e você se esgotará no processo.

As pessoas permitidas em seu círculo íntimo estão entre as escolhas mais importantes de sua vida. Escolha sabiamente e ela será impulsionada a novos níveis de felicidade e produtividade. Escolha mal e sofrerá a dor de uma vida mal vivida.

A questão então é como avaliar adequadamente os critérios para admitir alguém em seu círculo íntimo?

Você terá certas tendências com base em seus valores, crenças e experiências que empregará no seu julgamento. Não há fórmula mágica. Algumas decisões são tomadas por intuição. Outras são baseadas em seu histórico com alguém. Independentemente disso, a admissão em seu círculo íntimo deve ocorrer de maneira orgânica, com o tempo.

Existem algumas qualidades superiores a serem consideradas ao tomar suas decisões. As pessoas em seu círculo íntimo devem ter um senso de maturidade emocional completamente desenvolvido. Precisam ser influências estabilizadoras, felizes e altamente produtivas. Devem ser leais e tomar decisões racionais com base na razão em vez de serem impulsivas.

Faça a engenharia reversa do processo de examinar suas associações. Se conhece alguém que sabe o que espera da própria vida, então, como um associado próximo, é isso o que você deve esperar da sua, como um subproduto de seu relacionamento.

Pessoas infelizes não são emocionalmente maduras e o relacionamento com elas não será bom. Seja um amigo, colega de trabalho ou membro da família, faça o possível para limitar sua interação com elas. Você ainda pode ser cordial e manter a relação. **Mas não seja sugado pelo vórtice emocional negativo à sua própria custa.** Pagará um preço significativo se o fizer.

Ao observar coisas que o desanimam e que provavelmente não mudarão rápida ou facilmente, então é dessas pessoas que você deve manter distância ou eliminar de sua vida. Difícil. Mas, oh, tão necessário para os pensadores que Vão Além.

Seu círculo interno também deve consistir de bons seres humanos, que tratam bem os outros e estejam livres de medo, raiva e preconceitos que podem acabar fazendo com que eles firam outros com pensamentos e ações. Eles devem estar acima de reprovação ética, serem compassivos com os menos afortunados e proteger as crianças, idosos e pessoas com deficiências mentais ou físicas.

Seu círculo interno também deve inspirá-lo em um nível visceral. Deve ser capaz de sentir esse "zumbido" quando estiver perto delas. Você espera ansiosamente pela liberação de dopamina que sabe que virá ao estar com eles.

Aplique tais critérios ao seu círculo íntimo. Você quer mentes de negócios afiadas, empreendedores ou tipos analíticos que equilibrem suas deficiências e o ajudem a atingir seus objetivos. **Juntas, essas associações o tornarão maior do que a soma de suas partes.**

Pense nas características que vêm imediatamente à sua mente quando reflete nas características que acha que seu círculo íntimo deveria ter. Ele o ajudará a tornar-se completo em assuntos financeiros, relacionamentos, saúde emocional, fé, bem-estar físico ou fornecer o amor necessário? Se essas pessoas não puderem elevar as necessidades essenciais em sua vida, elas não têm qualidades que o atendam, baseadas no que precisa. Isso não significa que vocês não possam ser amigos. É claro que podem. Não descarte uma pessoa que não satisfaz as necessidades do seu círculo íntimo. Em vez disso, busque adicionar alguém que o faça.

Realinhar as pessoas nos vários círculos da sua vida não é fácil. Distanciar-se de alguém que não é mais compatível com seus pensamentos, crenças e objetivos pode produzir uma culpa difícil de superar. Mas às vezes, isso é necessário. Você só pode controlar os seus pensamentos e ações. Não pode controlar os outros. **Se as pessoas optarem por pensar e fazer coisas contraproducentes à sua melhor versão, cabe a você fazer as escolhas que melhor lhe atendam.**

Ao permanecer em relacionamentos ruins, você não abrirá espaço para relacionamentos melhores, as associações que Vão Além, que podem mudar sua vida para melhor e para sempre. Aceite que algumas pessoas ficarão e outras não. Seja justo, mas firme, ao tomar essas decisões.

Permita-me deixar um pensamento final de Vincent Van Gogh sobre uma das maiores dádivas que suas associações mais íntimas podem oferecer:

Amigos íntimos são verdadeiros tesouros da vida. Às vezes eles nos conhecem melhor do que nós mesmos. Com gentil honestidade, estão lá para nos guiar e nos apoiar, para compartilhar nossos risos e nossas lágrimas. Sua presença nos lembra que nunca estamos realmente sozinhos.

Um Sonho Além

Deixe o passado ir e siga em direção ao futuro.

Caminhe na direção dos seus sonhos.

Viva a vida que você imaginou.

— HENRY DAVID THOREAU

CRIANÇAS SÃO SONHADORAS. A IMAGINAÇÃO REINA DENTRO DOS SEUS SONHOS. Elas são naturalmente curiosas. Isso as tornam as pessoas mais felizes da Terra. E ótimas professoras também.

Entre no Mundo dos Sonhos

As pessoas mais felizes com a própria vida operam baseadas em suas imaginações e sonhos, e não em suas histórias.

Pare! Releia a frase. Essa é uma das lições mais poderosas para um pensador que Vai Além. Para ser feliz, bem-sucedido e produtivo, opere de acordo com sua imaginação, sonhos e visão.

Alterar toda a sua mentalidade não é uma ação simples. Requer esforço concentrado durante um período prolongado a fim de quebrar hábitos de pensamentos enraizados preexistentes.

Não há como você viver sua melhor vida se operar com base em sua história ou memórias de seu passado. Não funciona. Pare por um momento e deixe isso se fixar em sua mente.

 ## Uma Lição de Criança para Você

Uma criança de 4 anos e outras de todas as idades são mais felizes porque operam no aqui e agora. Seus corações e mentes estão cheios de devaneios, fantasias e criatividade. O passado não pesa sobre elas porque elas não têm passado.

Em algum momento, a maioria dos meninos e meninas brincou e fingiu ser o Batman, o Homem-Aranha, uma princesa da Disney ou a Barbie. Resultados inocentes de suas mentes livres. Acredito que as crianças também são mais felizes porque, por terem nascido mais recentemente, isso significa que estiveram mais próximas de Deus em um passado menos distante.

Pense na frequência dos seus sonhos. Quando foi a última vez que teve seu momento Batman ou princesa? Você visita sua imaginação por vontade própria com frequência? Aposto que a maioria não. Embora uma das melhores partes de sonhar seja o preço.

Sonhar é de graça.

Mais do que isso, **sonhar é um dos maiores presentes que podemos nos dar. No entanto, quase ninguém se aproveita disso.** A parte triste é que a falta de sonhos custará caro. Se não sonhamos, nos privamos de criar belas lembranças no futuro. Há uma triste ironia nisso. Em vez disso, à medida que envelhecemos, muitos de nós carregamos o peso do passado. Lutamos contra memórias pesadas que nos atrapalham de viver uma vida feliz.

Com que frequência você sonha?

E com que frequência pensa em sua carreira ou em como seu chefe o tratou ao longo dos anos? Em sua vida pessoal, pensou demais sobre um casamento instável? Seus pais, irmãos ou amigos o machucaram ou traíram? Sofreu uma série de contratempos financeiros ou de saúde?

Pense no seu passado como malas cheias de cimento. Por mais pesadas que sejam, muitos de nós temos medo de colocá-las no chão porque só sabemos carregá-las. Mesmo que desgoste delas, há uma sensação de segurança, pois estão repletas de familiaridade. É por isso que seu cérebro gosta de voltar lá.

Com o tempo, o cimento se multiplica, e seu cérebro fica mais pesado e confuso com os desafios e preocupações da vida adulta.

Também usamos nosso passado imperfeito para criar uma visão falha do futuro. Então, ao viver esse futuro, ficamos presos. Temos dificuldade de sair de nossa **areia movediça mental**, que nos deixa com a sensação de que estamos nos afogando. Como adultos, há uma conexão direta com a falta de felicidade e produtividade e nosso vício de agir a partir de nossas memórias. Para viver uma vida melhor, **é necessário escolher conscientemente agir com base no mundo dos sonhos e não do passado.**

Por que Você Está Preso No Passado

Embora esteja crescendo, aprendendo mais e fazendo mais, por que suas emoções, produtividade e felicidade não mudam? Porque você está preso em um padrão de pensamento — **um loop de repetição contínuo**

conectado ao seu passado. A pior parte é que isso é feito de modo inconsciente. Talvez leve anos para perceber que está preso nele.

Indico esses padrões para que você possa rompê-los e elevar sua consciência. **Padrões e loops perdem seu poder ao ganhar consciência sobre eles.** A consciência é a kryptonita dos pensamentos negativos. Uma vez que se torna consciente, será capaz de mudar um padrão existente ao sonhar com um futuro dramático e atraente. O passado é passado.

Você consegue reconhecer padrões negativos de emoções ou ações em sua vida atual? Não deve ser muito difícil. Um relacionamento ruim? Um emprego sem saída? Um problema crônico de abuso de substâncias?

E se você pudesse criar padrões infantis enraizados em sonhos e imaginação, em vez de se deter em pensamentos negativos do passado? Velhos comportamentos criam contentamento em seu cérebro. Uma de suas principais funções é protegê-lo de ameaças percebidas, a resposta de "luta ou fuga". Porém, não há necessidade de fugir daquilo que já aconteceu.

Por natureza, ansiamos por ordem. Somos programados para ser solucionadores de problemas e nos sentimos bem ao fazer isso. E é por isso que nos sentimos intimidados pelo futuro desconhecido. Não é possível aplicar o mesmo nível de certeza em nossas vidas àquilo que ainda não ocorreu. Mas a verdade é que, ao fazer isso, só se prejudica.

Isso não quer dizer que você deve se desligar de seu passado. Muitas pessoas estão contentes em manter contato com as mesmas pessoas, lugares, comportamentos e rituais que definem suas vidas. Claro, há um lugar para isso em sua vida.

Mas se isso é tudo o que faz, você não se dá o valor que merece.

Caminhe em Direção ao Futuro

O primeiro passo para superar seu passado é a aceitação. Deepak Chopra nos ensina: *"Faço uso das minhas memórias, mas não permitirei que elas me usem."* **Você sabe o que é deixado de lado quando se apega ao seu passado? Todo o seu futuro.**

Mais de sessenta anos atrás, o presidente John F. Kennedy também entendeu a importância de olhar para o futuro quando disse: "A *história é um mestre implacável. Ela não tem presente, apenas o passado correndo em direção ao futuro. Tentar se apegar significa ser descartado."* Essas palavras ainda são verdadeiras hoje.

Pense em avançar em direção ao futuro dessa maneira. Seu cérebro, pensamentos e emoções são como um copo com certa capacidade máxima de volume. Nesse caso, o líquido é o seu passado. Ao encher um copo até a borda com ele, será impossível enchê-lo com qualquer outra coisa até esvaziá-lo, por mais que tente. Fazer as pazes com seu passado é a maneira de esvaziar esse copo e criar espaço para seus sonhos e futuro.

Não gaste muito tempo tentando fazer as pazes com seu passado. Ao fazer isso, você gastará um tempo valioso que seria melhor gasto focado no futuro. Visualize a si mesmo despejando seus pensamentos passados. Veja o copo vazio. Em seguida, seja intencional ao encher esse copo com ideias que brotam de sua imaginação.

Aceite o seu futuro. Encha seu copo com visão e possibilidades pessoais, em vez de se afogar em pensamentos obsoletos que não lhe servem mais. Faça o que for preciso para deixar de lado o passado e focar o futuro.

Outro caminho para a aceitação é reconhecer que tudo o que você é hoje é resultado do seu passado. Sua dor, falhas e barreiras são contrabalançadas pela força, sabedoria e conhecimento que adquiriu ao longo dos anos. Abraçar o total de tudo o que é lhe dá as ferramentas para construir um trampolim para o futuro.

Ainda não se convenceu?

Não é do futuro que você tem medo. É o seu passado que o deixa ansioso e com medo de sonhar.

Faça sua Imaginação Trabalhar

Thomas Edison tinha uma imaginação fértil. O mundo seria um lugar muito diferente hoje se Edison tivesse focado o passado em vez de usar sua imaginação para moldar o futuro da humanidade.

Ele disse: *"Para inventar, basta uma boa imaginação e uma pilha de tralhas."* Aparentemente, Edison mantinha várias bugigangas. Levou mais de mil tentativas para conseguir inventar a primeira lâmpada comercialmente viável.

Lembre-se de que essa foi apenas uma das invenções de Edison. Ele criou o fonógrafo, a câmera cinematográfica, o mimeógrafo, as baterias alcalinas e até mesmo o concreto e o cimento. Ao todo, Edison foi creditado com 1.093 patentes dos EUA durante sua vida. Em todo o mundo, ele é creditado com 2.232 patentes. Sim, são recordes.

Ele também era um bom empresário. Acumulou US$200 milhões em valores atuais durante sua vida. Acha que ele chegou lá preso em seus fracassos anteriores? Claro que não. Edison também é creditado por ter dito: *"Não falhei. Apenas encontrei 10 mil maneiras que não funcionam."* O mundo seria um lugar muito mais sombrio, literalmente, se ele tivesse falhado.

Os sonhos são o produto de sua imaginação em ação. Imaginar é um tipo de terapia. É saudável. Então, uma das melhores maneiras de ser bom consigo mesmo é colocar sua imaginação para funcionar.

Muitas pessoas pensam em sonhos como pensamentos inconscientes que seu cérebro fabrica durante o sono. Mas os tipos de sonho aos quais me refiro são os sonhos lúcidos.

Seu controle é maior quando está acordado e, embora haja valor em deixar seu subconsciente produzir seus sonhos e direcionar suas energias enquanto você dorme, **acredito que seus melhores sonhos acontecem quando seus olhos estão bem abertos.**

O que nos torna únicos como espécie é que nossa consciência nos permite ir além dos limites do espaço-tempo presente. Essa outra dimensão é o mundo dos sonhos, onde a imaginação floresce, um lugar extremamente emocionante e ambíguo a ponto de ser irritante, onde é possível se libertar de suas inibições, preocupações e pensamentos do passado. **Os terapeutas há muito chamam isso de reconexão com sua criança interior.** Agora sabe o porquê.

Se você é um pensador lógico e ordenado, não há problema em procurar pela sua visão futura em vez de ficar preso ao rótulo de "sonhar" demais. Sonhos e visões são intercambiáveis.

Não importa o nome dado, **você se sentirá energizado por sua visão, imaginação e sonhos. E se tiver sorte, também se sentirá desconfortável. O que é bom,** pois sentir-se desconfortável é um progresso necessário. Isso significa que sua imaginação está trabalhando para conectar pensamentos díspares para criar algo. Lembre-se: o passado é familiar. O futuro é desconhecido.

Sentir-se desconfortável é uma das emoções necessárias para seguir em frente. Portanto, **apegue-se a esses sentimentos desconfortáveis.** Eles são partes valiosas de sua versão futura.

Permita-se Sonhar

Conceder permissão para viver em sua imaginação e criar sonhos é um dos maiores presentes a si mesmo. Haverá obstáculos a serem superados. Certamente ficará preso no pensamento de autoedição.

As pessoas rirão de mim se eu fizer isso? Posso perder amigos ou prejudicar minha reputação se ousar fazer aquilo que imagino? Devo me conformar e apenas fazer apenas o que é esperado, mesmo que isso me deixe infeliz?

Todas essas são questões de "medo". E como mencionei, todos são baseados nas algemas do seu passado.

Uma maneira de se permitir sonhar é perdoar os outros pelos erros passados. Mais importante, **perdoe a si mesmo.**

O Dr. Wayne Dyer gostava de dizer: *"Perdoar os outros é essencial para o crescimento espiritual."* Esse crescimento espiritual o dispensa de muita raiva e dor inúteis. **Ele está diretamente ligado aos sonhos e à sua imaginação.** É outra parte dessa dimensão alternativa tão vital para uma vida mais feliz. O crescimento espiritual também é outra maneira de esvaziar seu copo e abrir espaço para novos sonhos.

Sonhar requer um pouco de autoanálise também. Você tem padrões e hábitos mentais profundamente enraizados dos quais não está ciente, simplesmente porque já vem carregando essa bagagem de peso morto há muito tempo:

Não consigo.

Não farei.

Este não sou eu.

Eu não sou bom o suficiente.

Estou muito gordo.

Eu sou muito velho.

Eu sou novo demais.

Você entendeu. A lista de pedregulhos mentais bloqueando seu caminho é interminável. Tudo o que fazem é deixá-lo triste, estressado, deprimido e cheio de ansiedade. Depois de identificar esses pensamentos negativos, é possível reduzi-los ou eliminá-los por meio de pensamentos intencionais melhores. **Substitua os pensamentos negativos por sonhos e visões exatos, específicos e repetitivos.**

Seus sonhos serão alimentados por novas ideias, concepções e pensamentos de fontes improváveis. Sonhos de qualidade surgem ao bombear sua mente com uma ampla variedade de coisas que lhe interessam. **Seu cérebro, energizado pela imaginação, fará o trabalho de vincular esses pensamentos aparentemente não relacionados e de criar ideias que lhe surpreenderão.**

Entenda que nossa mente subconsciente não diferencia a realidade e um pensamento imaginário. É por isso que aquilo que focamos e em que pensamos continuamente acabará se manifestando em nossas vidas.

Assim como o pensamento imaginativo não é linear, a linha do tempo em que seu cérebro cria sonhos para sua consciência também não é. Você já acordou no meio da noite com a solução para um problema que o vem incomodando há semanas? Percebeu a solução para um problema cabeludo quando estava no jogo de beisebol de seu filho, enquanto caminhava pelo mercado ou tomava um banho matinal?

Sua imaginação não tem noção do que é noite ou dia. Nenhum cérebro diz que dará ideias e soluções durante uma reunião de equipe às 11h todas as manhãs. Elas virão quando ele quiser. Preste atenção quando isso acontecer. **Em seguida, tome medidas para registrar ou**

lembrar de seus pensamentos. Seu subconsciente trabalhou duro por você, e seria bastante rude deixar esses pensamentos escaparem.

 ## Sonhe e Faça

O *poder de ir além* **se resume a pensar e fazer.** Até agora, falamos muito sobre a parte pensante do sonho. Isso é tão importante quanto transformar sonhos em ações que o empurrarão em direção a seus objetivos.

Em um jogo de beisebol, não é possível estar na primeira e na segunda base simultaneamente. Da mesma forma, na vida, não é possível morar em dois lugares ao mesmo tempo. Para roubar a segunda base, você deverá tirar o pé primeiro. Guiado por seus sonhos, dê o primeiro passo e dispare para o próximo destino de sua vida.

Você pode optar por ficar preso e viver em seu passado. Ou pode escolher viver sua melhor vida ao sonhar e escolher viver no futuro.

Ao agir **intencionalmente de acordo com seus sonhos**, você ficará surpreso com a forma como atrairá naturalmente aquilo de que precisa. Começará a entender que, junto com os maus hábitos, as pessoas que são ruins para você também desaparecerão com seu passado. Quando isso acontecer, perceberá que **nem sempre o que você valorizava era o relacionamento. E sim a maneira como ele o fazia se sentir.**

Novos sonhos reconfiguram sua vida e, ao abrir espaço feito um copo vazio, preencherá sua vida com novos relacionamentos e aventuras. Junto com seu instinto, intuição e imaginação, seus sonhos começarão a se manifestar de uma forma que aliviará o peso que você carrega. Verá novas possibilidades empolgantes à medida que avança em direção ao seu futuro.

Você será uma pessoa muito mais feliz quando pegar seus sonhos de Ir Além e transformá-los em sua nova realidade.

Uma Pergunta
para Ir Além

> A *vida não examinada não vale a pena ser vivida.*
>
> — Sócrates

VOCÊ SE PERGUNTA EM ALGUM MOMENTO SOBRE AQUILO QUE PENSA?

Essa pergunta que faço é realmente poderosa. É uma das muitas que farei neste capítulo e uma que você deveria fazer a si mesmo também.

A verdade é que a maioria das pessoas nunca o faz. **Elas nunca assumem o controle de seus pensamentos porque não fazem as**

perguntas certas e, assim, acreditam erroneamente como deveriam pensar. Isso nos leva a uma questão igualmente fundamental.

O que é pensar?

Em resumo, pensar é o processo de perguntar e responder a si mesmo. É assim que o pensamento funciona. Você constantemente faz e responde a perguntas em sua cabeça milhares de vezes por dia.

Portanto, se deseja mudar a qualidade de seus pensamentos, precisa mudar a qualidade das perguntas que faz. É a qualidade delas que controla a qualidade dos seus pensamentos. Ficaria surpreso ao ver como seu cérebro está sintonizado para encontrar as respostas que você procura.

Faz sentido?

Essa pode ser uma mudança sísmica fundamental em sua vida se começar a fazer perguntas melhores. **Elas levam a respostas melhores, que levam a uma vida melhor.** A maioria das pessoas não faz isso. Mas os pensadores que Vão Além sim. A maioria faz perguntas que as tornam mais fracas, menos resilientes ou menos engenhosas. Escolhem o caminho mais fácil. Em alguns casos, essas perguntas são prejudiciais, pois geram medo, raiva, desconfiança ou falta de confiança.

A Marinha é ensinada a perguntar: "O que posso controlar imediatamente nesta situação?" Por outro lado, a maioria das pessoas se pergunta "O que poderia dar errado? O que não consigo controlar nesta situação? O que devo temer e com o que devo me preocupar?" porque está programada a pensar dessa maneira.

Se fizer esse tipo de pergunta, você sempre se encontrará sob pressão. As respostas a essas perguntas são respostas que seu cérebro encontrará por você. O autoexame é um processo crítico a fim de descobrir a sabedoria em sua vida. **Ao fazer as perguntas certas, chegará à verdade sobre si mesmo.** Infelizmente, analisar a própria vida nem sempre é divertido. Sua voz interior pode ser seu crítico mais expressivo, e a autorresponsabilidade significa que não há como fugir. Mas, para alcançar o crescimento pessoal, os pensadores que Vão Além devem aceitar esse desafio e abraçar as respostas para as grandes questões de suas vidas.

Muitas vezes, as pessoas acham que basta apenas uma resposta a mais para produzir mudanças dramáticas. **Fazer as perguntas certas é o primeiro passo para obter as respostas necessárias. Obter respostas remove os obstáculos e o ajudam a fazer mudanças.** Será difícil resolver problemas lá fora até que você organize sua própria casa.

Eugene Ionesco disse: *"Não é a resposta que traz a luz, mas a pergunta."* Você se torna humilde ao se desafiar a ser melhor. E a melhor maneira de fazer isso é questionar a base de seus pensamentos e ações no dia a dia. As respostas para essas grandes questões são tão únicas quanto você. Não há respostas certas ou erradas. Não existe uma solução única para tudo. Em muitos casos, é como descascar as camadas de uma cebola, pois as perguntas que fizer o levarão a novas perguntas baseadas em sua experiência, memórias, sentimentos e relacionamentos.

Enfrente essas questões. Aceite as respostas. Se for honesto consigo mesmo, você ultrapassará barreiras que o levarão a uma vida extraordinária.

E se pudesse encontrar uma pergunta poderosa a mais para fazer a si mesmo várias vezes ao dia? É impossível que eu adivinhe quais perguntas e respostas são importantes para você. Em vez disso, montei uma lista para iniciar seu processo de autoexame. Você se identificará com algumas delas. Preste atenção. Esse é o seu "eu interior" tentando lhe dizer algo importante.

Não se apresse com essas perguntas e com as respostas que descobrir. Deixe as perguntas persistirem. Encontre um lugar tranquilo e deixe sua mente trabalhar para que as respostas tenham algum valor para você. Além disso, pense nas respostas encontradas hoje e compare-as com as respostas que gostaria de receber em algum momento no futuro. Depois de plantar essas respostas futuras em seu cérebro, sua mente trabalhará a seu favor a fim de transformar essas respostas em uma nova realidade.

Lembre-se: uma resposta é capaz de criar grandes mudanças. E fazer uma pergunta a mais é o primeiro passo para o resultado desejado.

Uma Pergunta a Mais para Se Fazer e Levar uma Vida Extraordinária

1. O que mais posso fazer para mostrar ao meu cônjuge ou parceiro que o amo?

2. O que mais posso fazer para melhorar meu relacionamento com meus filhos?

3. Há mais alguma coisa que possa fazer para que minha família se sinta mais especial?

4. Há mais alguma coisa que possa fazer para mostrar minha gratidão às pessoas com quem trabalho?

5. De que outra maneira posso ajustar meu pensamento para dar menos desculpas?

6. Que parte desta situação posso controlar agora?

7. Em que sentido isso está acontecendo para mim e não comigo?

8. O que mais posso fazer para me acalmar hoje?

9. Há mais alguma coisa que possa fazer para me trazer paz duradoura?

10. De que outra maneira posso me preocupar menos com aquilo que as outras pessoas pensam?

11. De que outra maneira posso diminuir meu nível de raiva?

12. Há mais alguma coisa que possa fazer para que as pessoas me vejam de forma diferente da que me vejo?

13. De que outra maneira posso me preocupar menos com o passado?

14. Como posso implementar mais uma forma de me preocupar menos com o futuro?

15. De que outra maneira posso ficar mais animado com o futuro?

16. De que outra maneira posso praticar mais gratidão?

17. Como implemento mais uma forma de procrastinar menos e proteger o bem valioso que é o meu tempo?

18. De que outra maneira posso ser menos um espectador e mais participador?

19. É possível dar um passo além e me fazer perguntas difíceis, mesmo sabendo que não gostarei das respostas?

20. De que outra maneira posso dizer a mim mesmo que não há problema em falhar e aprender com meus erros?

21. Existe outra maneira de ser um bom cuidador do dinheiro com o qual fui abençoado?

22. De que outra maneira posso garantir que meus valores sejam consistentes com meus critérios e metas?

23. No meu trabalho, existe uma maneira além de me tornar um líder eficaz?

24. De que outra maneira posso me tornar mais saudável?

25. Como posso fazer mais uma mudança na minha dieta e perder peso?

26. Que exercício extra posso fazer na academia para queimar gordura ou ganhar músculos?

27. Qual é a outra coisa a qual me agarro, mas que estaria melhor sem?

28. Como posso criar um bloco de tempo a mais para deixar minha mente vagar e sonhar acordado?

29. O que mais me impede de fazer aquilo que eu poderia estar fazendo e como posso eliminá-lo?

30. De que outra maneira posso mudar meu modo de pensar e reclamar menos?

31. Há mais alguma coisa que possa fazer para ajudar alguém que está sofrendo e que realmente precisa de mim?

32. Qual é a coisa a mais que mais me fez feliz recentemente?

33. Como posso fazer uma coisa a mais para lidar melhor com conflitos?

34. O que mais posso fazer para lidar melhor com as pessoas em minha vida que sugam minha energia?

35. Existe mais alguma coisa que posso fazer para conseguir mais tempo para ser atento e intencional?

36. O que devo fazer para ir além e parar de guardar rancor?

37. O que mais aprendi na vida que posso passar a outros como um mentor?

38. O que mais posso fazer para aproveitar mais meu trabalho?

39. Eu estava curioso o suficiente para fazer mais uma pergunta e buscar respostas para questões importantes em minha vida hoje?

40. Que oração preciso fazer ou a que texto preciso me apegar mais em minha vida de fé?

41. Existe mais uma maneira de agradecer e honrar meu Deus pelas bençãos que recebi hoje?

Quais São as Respostas?

As respostas a essas perguntas podem deixá-lo desconfortável. Nem sempre. Mas, em muitos casos, para crescer, **as melhores respostas serão as mais difíceis de abordar.**

Já ouviu o ditado de que não há perguntas idiotas? Não é verdade! Existem perguntas idiotas. Aquelas perguntas que não o desafiam. São elas que fornecem verdades convenientes. Você só engana a si mesmo e perde tempo quando faz perguntas idiotas a si mesmo e aos outros. Para piorar ainda mais as coisas, no fundo, você sabe quando está fazendo isso.

Se quer ser medíocre... se está feliz onde está porque é confortável, se está com medo ou preguiça e não quer saber como melhorar sua vida, não faça as perguntas que levam ao crescimento próprio. Ninguém pode obrigá-lo a fazer algo que não quer.

"O maior presente é não ter medo de questionar", disse Ruby Dee certa vez. Se não estiver saudável o suficiente para querer se presentear com a verdade, não chegue ao fim da vida com arrependimentos.

Algumas perguntas não terão respostas imediatas. Quando isso acontecer, não suponha que sofreu uma derrota se não puder aplicar a lógica e soluções.

Talvez você encontre uma resposta para uma pergunta que fizer agora só mais tarde. Ou talvez nem encontre. Dê a si mesmo crédito por ter tido a coragem de fazer a pergunta e buscar a resposta. Lembre-se: uma pergunta geralmente leva a outra, e a outra, e assim por diante.

A revelação percorre muitos caminhos diferentes. Aprenda a viver com as grandes questões não respondidas em sua vida. Busque as respostas diariamente. Algumas virão até você como um relâmpago. Outras virão até você com o tempo.

De qualquer forma, conviver com as perguntas e respostas extraordinárias da vida é uma das características mais admiráveis de um pensador que Vai Além.

Uma Meta para Ir Além

Conceda-te conforme o desejo do teu coração, e cumpra todo o teu desígnio.

— Salmos 20:4

A O LONGO DA NOSSA VIDA, SOMOS INUNDADOS POR SISTEMAS, FILOSOFIAS E MÉTODOS PARA DE-SENVOLVER METAS e melhorar nossa vida. Não há, *de maneira alguma*, finitude de materiais sobre o assunto.

Seria ingênuo da minha parte pensar que você já não utiliza algum tipo de estratégia quando se trata dos seus objetivos. Em vez disso, quero melhorar a abordagem de seus objetivos e o processo de definição deles.

Aqui está uma boa maneira de começar.

Eu acredito que metas são energia. São uma força vital. São um estado de ser. São mais do que uma manifestação das ideias, esperanças, desejos e sonhos que há dentro de você. A busca por objetivos, quando bem executada, é a **transferência de energia para ação**, criando uma das formas mais puras para Ir Além em sua vida.

Muitas vezes, porém, os objetivos não são concebidos como uma decisão consciente de melhoria da sua vida. Frequentemente, você define metas como uma reação ou resposta a algo que ocorre em sua vida. Em vez de jogar na defensiva, a chave é **preencher proativamente sua mente** com o tipo certo de pensamentos sobre seus objetivos. Ao fazê-lo, todo o seu ser será motivado a atingi-los.

Isso porque a mente sempre gravita em direção ao que é familiar e atrai todos os recursos necessários para impulsioná-lo adiante. **O que você pensa o leva ao que precisa.** Ao acessar conscientemente o que precisa, sua mente se concentrará em tornar seus objetivos realidade.

O Relacionamento Entre Critérios e Metas

Abordo os critérios com mais detalhes no Capítulo 10, mas quero garantir que entenda brevemente por que metas e critérios estão ligados e como funcionam em conjunto para seu benefício. Muitos confundem os dois, mas não são a mesma coisa.

Você cria metas com base nos resultados desejados, começados como pensamentos. Por exemplo, "Gostaria de ganhar dinheiro suficiente para doar US$10 mil para minha instituição de caridade favorita" ou "Quero fazer uma viagem para a Europa neste verão", objetivos valiosos. Mas sem um plano de ataque para atingi-los, eles têm muito menos chance de se tornar realidade.

Sua primeira tarefa é **descobrir o que está disposto a tolerar** para atingir seus objetivos.

O que estiver disposto a tolerar se tornam os critérios que devem ser implementados. **Eles são as ações ligadas aos pensamentos relacionados aos seus objetivos.**

Criar metas sem criar seus respectivos critérios é uma perda de tempo. Seus critérios devem ser ainda mais intencionais do que as metas que cria. Pense em seus objetivos como subprodutos e resultados de seus critérios. Por outro lado, ao estabelecê-los adequadamente, há uma chance muito maior de atingir seus objetivos.

Outra coisa que nem sempre é possível é **controlar o resultado de seus objetivos.** Você falhará em alcançar alguns. E isso deve acontecer. Para que as metas sejam significativas, elas devem ser difíceis e desafiadoras. No entanto, **é possível controlar seus critérios,** porque eles são internos e dependem inteiramente de você e de quanto está disposto a investir.

Com essa distinção feita, você já tem uma noção de por que metas são importantes. Mas, na minha opinião, parte do pensamento sobre como criar metas significativas e realizáveis para sua vida está completamente errada.

Seja Simples e Flexível

Existem milhares e milhares de pessoas por aí que desejam alegremente lhe fornecer um sistema de criação de metas. O problema com isso é o seguinte: um único sistema não atende às necessidades de todos.

Isso ocorre porque cada um de nós processa as informações de maneira diferente. Você é um produto único de suas experiências passadas, educação, pensamentos, dons, deficiências e relacionamentos. Um único sistema não acomoda o processo de criação de metas de todos.

Algumas pessoas pensam visualmente. Outras contam com os estímulos auditivos como uma forma primária de processar informações. Muitas pessoas preferem uma abordagem tátil, com a necessidade de tocar literalmente seus objetivos, o que é uma abordagem mais cinestésica. Se você já foi a uma concessionária de carros para fazer um test drive do carro dos seus sonhos, sabe a que me refiro.

A maioria mistura essas e outras abordagens em graus variados, em um reflexo de como fomos condicionados a processar informações. É por isso que é impossível criar um sistema de definição de metas que funcione efetivamente para 7 bilhões de pessoas no planeta Terra.

A outra razão pela qual acredito que muitos sistemas não funcionem é porque costumam ser complicados demais. Profissionais de alto desempenho, CEOs e outras pessoas altamente motivadas e voltadas para resultados não têm tempo ou inclinação para mergulhar em formas elaboradas de criação de metas.

A maneira certa de abordar a definição de objetivos é manter um plano de ataque simples. Darei a você uma maneira flexível de fazer isso de forma que tenha um sentido *pessoal*, independentemente de quem você seja. Não é um sistema. É uma estrutura flexível que aceita adaptações a fim de executar ações de uma maneira que seja melhor, mais direta e que funcione para você.

 ## Crie Metas no Seu Ápice

Só é possível criar metas se estiver no seu ápice. Esse estado ocorre quando sua mente e corpo funcionam perfeitamente juntos. Para ser mais preciso, pense em seus pensamentos como sua mente consciente e seu corpo como sua mente subconsciente. Quando sua mente consciente e subconsciente trabalham em conjunto, uma força poderosa multiplica e aumenta o seu ápice.

Refiro-me ao nosso corpo como nossa mente subconsciente porque, muitas vezes, focamos apenas nossos pensamentos quando criamos nossos objetivos. Eles são aquilo que nos coloca em um estado consciente e nos fornece o que acreditamos ser o estado de espírito certo para alcançá-los. No entanto, não percebemos que, **para que nossa mente funcione de maneira ideal, nosso corpo também deve fazer o mesmo.** Muitas pessoas não prestam atenção ao próprio corpo ao estabelecer metas e, dessa forma, ele se torna uma mente subconsciente.

Se não colocamos nossa mente subconsciente em um estado crucial, não usamos todas as nossas ferramentas disponíveis. A menos que aproveitemos todas elas, não há como nossas metas atenderem às nossas necessidades. Se essas ferramentas estiverem sincronizadas, **mesmo que sua mente consciente não esteja trabalhando ativamente em seus objetivos, sua mente subconsciente continuará avançando.**

Aqui está um ponto crítico a ser lembrado: **sua mente sempre tenderá para o que lhe é familiar. Quando sua mente consciente e subconsciente estão engajadas, você trabalha em seus objetivos o *tempo todo*.** É por isso que esse conceito é tão poderoso. É também por isso que anexar razões convincentes aos seus objetivos é fundamental para o sucesso.

Razões Convincentes Impulsionam suas Metas

Razões convincentes lhe darão energia e resiliência para superar os momentos difíceis e alcançar seus objetivos. **Motivos convincentes se transformam em objetivos importantes para você.**

Os objetivos estão completamente relacionados com mudanças. É por isso que **seus objetivos devem desafiá-lo.** Se não forem desafiadores, não causarão mudanças. Serão apenas um desperdício do seu tempo. Não é convincente o suficiente dizer que gostaria de levantar

US$10 mil para sua instituição de caridade favorita porque isso seria uma coisa legal de se fazer. Seja emocional! **Quanto mais emocional suas razões forem, mais convincentes serão, e mais energia e resiliência serão desprendidas.** O que aumenta sua probabilidade de conseguir esses US$10 mil.

Por exemplo, tenha em mente que arrecadar esse dinheiro dará às crianças um lugar para ir depois da escola... algo que você nunca teve quando criança. Ou colocará pesquisadores um passo mais perto de curar a doença da qual sua mãe faleceu. Talvez esse dinheiro possa fazer a diferença ao pagar por provisões extremamente necessárias em um abrigo para mulheres vítimas de violência doméstica.

Quando era mais jovem, tive alguns problemas cardíacos. Comecei a pensar em todas as coisas que sentiria falta se morresse cedo. Mas a única imagem que me levou a fazer mudanças em minha vida foi a visão que tive de não poder levar minha filha Bella até o altar no dia do seu casamento. Não consigo nem começar a transmitir o impacto emocional que aquilo teve sobre mim. Armado com esse motivo convincente, comecei a ir à academia, comer melhor, reduzir meu estresse e adotar um estilo de vida mais saudável.

Não é simplesmente uma questão de ser mais disciplinado ou mais motivado. É preciso haver um componente emocional ligado ao seu objetivo. Essa é a motivação convincente que impede objetivos de se tornarem fardos desinteressantes.

Ao criar seus objetivos, decida os motivos "quem, o quê e por quê" para o que está prestes a fazer. Se não estiver empolgado, terá dificuldade em lutar contra as distrações que tentarão afastá-lo de seu objetivo. Faça da sua razão convincente uma armadura para evitar tais ataques.

Muitos sistemas de definição de metas também o incentivam a criar categorias de metas. **Não faça isso!** Você tem uma vida só. Não há necessidade de complicá-la categorizando as metas como finanças, fé, condicionamento físico ou objetivos familiares. **Seja simples.** Por que se sobrecarregar ao complicar metas destinadas a tornar sua vida mais fácil e melhor? Ao criar uma única lista, a única coisa que precisará ter em mente é se a meta será **breve ou longa, do tipo que altera sua vida.**

Objetivos breves são mais fáceis de atingir. Eles criam impulso em sua vida. São de **curto prazo e oferecem uma recompensa mais imediata.** Elas resultam em uma recompensa sobre a qual você pode construir. Juntar várias delas é como ganhar velocidade em uma descida. O único aviso aqui é garantir que essas metas ainda sejam significativas e desafiadoras.

Objetivos que alteram sua vida são mais difíceis de atingir. Você os eleva de nível com a ideia de que **produzirão uma recompensa maior e resultarão em um crescimento pessoal maior.** Elas levam mais tempo — às vezes anos — para serem cumpridas.

Os dois podem estar conectados entre si. Utilizemos um objetivo muito comum como exemplo: perder peso. Comece com seu motivo convincente, que é não morrer prematuramente porque está gordo. Uma meta breve é perder 1 quilo por semana ou 3 a 4 quilos por mês. Ao definir seus padrões da maneira certa, comer os alimentos adequados e se exercitar regularmente, essa é uma meta de curto prazo bastante viável.

Se estiver muito acima do peso, defina uma meta de mudança de vida para perder 45 quilos ou mais. A única maneira de fazer isso é atingir todos os seus objetivos mais curtos. Você não poderá perder 45 quilos se não perder 1 quilo primeiro. Certo?

Goethe entendeu essa relação ao dizer: *"Não basta dar os passos que um dia nos leva ao objetivo, cada passo deverá ser ele próprio um objetivo em si mesmo, ao mesmo tempo que nos leve adiante."*

Por fim, **ao projetar uma meta, você criará um espaço em seu cérebro que não existia antes.** Esse espaço deve ser cultivado. Descubra de quais recursos precisará para ajudá-lo a alcançar esse objetivo. Existe um livro que deveria ler? Uma pessoa com quem precisa se conectar? Talvez exista um lugar que precise visitar ou uma atividade que precise realizar. Preencha esse espaço com as ferramentas certas para atingir seu objetivo ou correrá o risco de fracassar.

No entanto, você pode ter todos os seus motivos e recursos convincentes, mas se achar que não merece a meta que definiu, terá dificuldades.

 ## Metas e Autoestima

Se você não acredita que merece determinado resultado, autossabotará a si mesmo e nunca produzirá um resultado maior do que acha que merece. Pense nisso como puxar os dois lados da corda em um cabo de guerra. Mesmo se ganhar, você perderá.

Você deve construir duas coisas em seu pensamento ao criar seus objetivos:

1. Maneiras de aumentar sua fé em si mesmo.
2. Maneiras de aumentar sua identidade ao se olhar no espelho.

Ambas são partes integrantes de sua autoestima. A menos que tenha confiança em quem você é e no que merece, limitará seus objetivos quanto ao que acha que merece.

Você deve estar ciente e ser inteligente o suficiente para não minar seus esforços. **Conforme acredita, também alcança.** Seu consciente e seu subconsciente podem ser grandes aliados. Mas se não trabalharem juntos, talvez sejam as minas mentais que explodirão na sua cara.

Use Energias Positivas para Criar Suas Melhores Metas

Muitas pessoas vivem com caos, angústia, ansiedade e sofrimento todos os dias. Sob esse fardo, reagem e respondem a esses estados mentais para escapar. Ao criar metas nessas circunstâncias, você reagirá às suas condições, em vez de tomar as rédeas e projetar a vida que deseja.

Quando você responde e reage, se afasta de algo na tentativa de evitá-lo, em vez de se mover em direção a algo bom que deseja. **Defina metas apenas ao operar com base na sua imaginação e sonhos, e não na sua história e medos.**

A próxima pergunta óbvia é: "Como faço isso?"

Para projetar seus objetivos, você precisa bloquear fatores e influências externas. Dado a quantidade de coisas que lidamos diariamente, isso é um desafio. Uma maneira de preparar sua mente é fazer a si mesmo esta pergunta: a qualidade de minhas metas e resultados melhoraria significativamente se eu criasse metas ao agir sob um estado de confiança, força e felicidade ou com uma mentalidade medrosa, fracassada e depressiva?

Metas melhores geram resultados melhores. E objetivos melhores são criados quando você se livra dos aspectos negativos de sua vida e decide o que deseja realizar. Repito, não há nenhuma fórmula sofisticada aqui. Quero que você seja simples. Lembre-se de criar metas no seu ápice.

Para encontrar esse estado, coloque seu corpo em movimento. Faça uma caminhada ou uma corrida. Vá à academia. Ande de bicicleta. Dê um mergulho ou faça polichinelos. Ao fazer isso, criará a energia da qual falei no início deste capítulo. Ela gera endorfinas que são liberadas quando seu corpo está em movimento. As endorfinas lhe permitem atingir seu ápice, **o qual lhe conecta ao seu melhor estado criativo.**

Nesse estado, é possível enxergar as coisas de forma diferente. Você imagina possibilidades, e a adrenalina desencadeia a confiança necessária para desenvolver seus melhores objetivos absolutos. Ao gerar essa energia, ela será transferida para seus objetivos.

Eu disse que os objetivos são uma forma de energia. Agora você sabe o que alimenta essa energia.

Depois de criar seus melhores objetivos, uma das chaves para alcançá-los é repeti-los com frequência. **Ao repetir seus objetivos, preencherá sua mente com os pensamentos dos quais precisa para ajudá-lo a atingi-los.** Para máxima eficácia, repita-os para si mesmo quando estiver no seu auge também. Para criar congruência entre sua mente e corpo — seu estado consciente e subconsciente —, repita seus objetivos no mesmo estado em que os criou. Se não o fizer, haverá uma chance de sua mente rejeitá-los. Seu cérebro e corpo deverão estar em sincronia.

Envolva uma variedade de ferramentas que o ajudarão a repetir seus objetivos em seu auge. Use seu celular, fotos, anotações, compromissos diários ou quaisquer ferramentas que considere apropriadas para reforçar a repetição.

Além disso, a melhor maneira de criar objetivos é criá-los em vários prazos. Muitos esperam até 1º de janeiro de cada ano para fazer isso. Não consigo nem dizer o quão preguiçoso e ineficiente isso é. Por outro lado, **profissionais de elite criam e revisam suas metas várias vezes ao dia.**

Para projetar seus objetivos em vez de responder às circunstâncias em sua vida, **crie metas a cada hora, dia, semana, mês, ano e até três ou cinco anos depois.** O melhor conjunto de metas tem prazos híbridos. Isso significa que você trabalha com senso de urgência (metas breves) e metas de longo prazo (metas que alteram sua vida) o tempo todo.

Colocados bem à sua frente, esses cronogramas combinados facilitam o hábito de repetir seus objetivos regularmente. É assim que você ancora seus objetivos em sua mente consciente. Ao ancorá-las em sua mente consciente, sua mente subconsciente entrará em ação automaticamente e seu cérebro começará a trabalhar a seu favor.

Como Crio Metas

A maneira de criar metas é única e pessoal. No entanto, gostaria de compartilhar o modo como crio as minhas, para que você possa ter uma noção melhor de como todos os pensamentos e estratégias que citei transformam-se em um exemplo prático.

Jamais ousaria dizer exatamente como você deve criar seus objetivos. Você deve encontrar a maneira que funcione melhor para você. **Seu processo será diferente de todos os outros, e essa é a melhor maneira de garantir a criação de metas que funcionem.**

Eu, todos os anos, crio uma estratégia de uma palavra só que serve como um tema abrangente para meus objetivos. Ela reflete quais são minhas prioridades e onde estou em minha vida. Algumas das palavras que usei no passado são "implacável", "fé", "resiliência", "amor", "carinho" e "gratidão". Depois de decidir sobre a palavra, me transformo nessa pessoa. Meus objetivos permanecem únicos, mas ela conduz silenciosamente meu processo em segundo plano. Repito-a durante o ano inteiro.

Com ela em mente, e depois de atingir meu ápice, **estabeleço metas com uma inundação mental**. É exatamente o que parece. Primeiro, desligo a parte do meu cérebro que pensa que não consigo fazer algo.

Então, me vejo como uma criança na véspera de Natal e faço uma lista de todos os presentes que quero ganhar. Faço isso por quatro minutos. Sem edição. Sem voltas. Escrevo tudo o que me vem à cabeça. Permito-me esvaziar meu cérebro de todos os meus desejos, sejam grandes ou pequenos.

Enquanto faço isso, levanto e me movimento. Certifico-me de que meu sangue esteja fluindo. Permaneço em meu ápice e crio um forte fluxo de energia interna. Depois de criar uma única lista principal, faço várias coisas para fixar esse conjunto de metas.

Depois de confirmar que tenho um motivo convincente, **analiso-as para garantir que os objetivos que tenho sejam específicos. Ser genérico não funciona.** Meu cérebro, assim como o seu, não consegue trabalhar efetivamente ao processar ideias genéricas. **O cérebro funciona melhor ao ser preenchido antecipadamente com informações detalhadas e precisas.**

Eu não diria: "Quero estar em forma e perder peso para me sentir melhor." Essas são palavras e desejos vazios. Em vez disso, se perder peso é o meu objetivo, me concentro no tamanho exato da cintura que desejo, quantos quilos quero perder, quais quero que sejam minhas leituras de colesterol e pressão arterial e assim por diante.

Ser vago atrapalha sua mente. **Ser específico significa ser responsável.** Não há espaço para fugir. Nos negócios, não basta dizer que quero ganhar mais dinheiro. Preciso estabelecer uma quantia exata. É por isso que decidi que queria ganhar US$1 milhão antes de completar 30 anos. **Parte da especificidade das metas é incluir uma data ou um prazo.** Caso contrário, não será muito mais do que um desejo em aberto.

Em seguida, decido de quem eu gostaria de receber a ajuda para ser responsável por esse objetivo. Pode ser minha esposa, meu parceiro de negócios ou meu pastor. Mas **para que meu objetivo funcione, tenho**

que compartilhá-lo. Há um poder inegável em contar a alguém. **Disciplina e responsabilidade levam à ascensão e domínio.**

Com tudo isso decidido, começo a trabalhar em meus objetivos. Parte disso envolve ler e visualizar meus objetivos com frequência. Às vezes pode ser várias vezes ao dia. **Descobri que a forma mais eficaz de repetição é repetir meus objetivos em voz alta.** Há uma camada adicional de impacto quando os sentidos auditivos estão envolvidos.

A visualização também é decisiva. A forma como faz isso depende de você. Algumas pessoas usam quadros de sonhos e fotos. Outras escrevem em espelhos, no banheiro ou no carro. Pessoalmente, gosto de visualizar em minha mente. É assim que penso. E é o que funciona melhor para mim. Experimente o que funciona melhor para você.

A outra parte da repetição é que digo coisas que realmente quero dizer. Alguns sistemas de definição de metas exigem que você aja como se já tivesse alcançado determinada meta. Se fizer isso, estará apenas mentindo para si mesmo. Deixará sua mente fora de sincronia. Não diga: "Eu tenho US$1 milhão", se ainda não chegou lá.

Descobri que a repetição é difícil para muitas pessoas. Pessoalmente, faço isso ao incluir minhas metas em minhas orações e oro todos os dias. Outros meditam diariamente, e essa também é outra ótima maneira de visualizar metas. **Ela também torna-se mais fácil se for feita no mesmo horário todos os dias.** Gosto de repetir minhas metas de manhã quando acordo e à noite antes de dormir.

A repetição também envolve o sistema de ativação reticular, ou SAR. O SAR é o músculo mental que filtra para a sua consciência as coisas que são importantes e joga fora aquilo que não for. É possível ler mais sobre ele no Capítulo 2.

Por fim, uma última coisa que incluo ao definir metas é **criar uma expectativa de que atingirei essa meta.** Já percebeu que os objetivos que espera que aconteçam são aqueles que parecem ter sido alcançados várias vezes? A expectativa cria uma estrutura positiva que apresenta as ferramentas e os recursos necessários para o sucesso. Quando seu cérebro espera que você seja bem-sucedido, ele trabalha para deixar as soluções muito mais próximas para que você possa tirar o máximo proveito o tempo todo.

Como um Pensador que Vai Além, você precisará de objetivos em sua vida. Ao criá-los da maneira certa, eles o desafiarão, energizarão e trarão paixão e foco em tudo o que fizer.

Um Critério
para Ir Além

De todos os julgamentos feitos ao longo da vida,
nenhum é mais importante do que a avaliação
que fazemos de nós mesmos de acordo com nos-
sos próprios critérios internos.

— DENIS WAITLEY

T ENHO UMA REVELAÇÃO AVASSALADORA PARA VOCÊ. Há uma grande probabilidade de que não será possível atingir suas metas.

Mas trago boas notícias. Garanto que você satisfará seus próprios critérios. Sim, essa é a grande verdade.

Felizmente, metas e critérios são dois lados da mesma moeda. Estão inextricavelmente ligados entre si. Isso significa que, **se deseja a melhor chance possível de atingir seus objetivos, precisa ajustar seus critérios pessoais. Dessa forma, atingir seus objetivos se tornará quase automático.** Veja como.

A Diferença Entre Metas e Critérios

Muitas pessoas que conheço confundem metas e critérios, muitas vezes acreditando que são a mesma coisa. Eles não são! Antes de atingir seus objetivos, você deve entender o papel que os critérios desempenham e por que eles são tão importantes.

Esta é a principal diferença: metas começam como pensamentos. São resultados desejáveis que criam raízes em sua mente. Seu cérebro confirma esses objetivos para que não sejam pensamentos fugazes. **Ao decidir que deseja atingir seus objetivos, você cria critérios para transformar esses pensamentos em ações.** Pense neles como os benchmarks de desempenho que está disposto a tolerar. Critérios são as ações que o impulsionam em direção aos seus objetivos. **Os objetivos efetivamente se tornam subprodutos da abordagem de seus critérios.** Metas sem critérios são vazias. Metas sem critérios são inúteis.

O mundo constantemente diz que você deve revisar e atualizar seus objetivos, o que é, de fato, algo que deve fazer. Mas o segredo é revisar e atualizar seus critérios constantemente. É necessário avaliar o que está ou não está disposto a tolerar.

O Que Você Está Disposto a Tolerar?

Ao definir uma meta, você deve decidir se conseguirá tolerar os critérios essenciais para alcançá-la. A tolerância não se aplica apenas às coisas que precisa fazer para levar sua vida adiante. Seu nível de tolerância pode se aplicar a muitas áreas diferentes, como relacionamentos existentes, liderança e negócios.

Neste momento, você é capaz de tolerar os resultados de negócios que está obtendo atualmente? A quantidade de dinheiro que ganha atualmente? A quantidade de felicidade ou paixão que recebe atualmente? Se puder, continuará a recebê-los. É somente ao decidir que não pode mais tolerar o tratamento que recebe em um relacionamento, ou os resultados comerciais obtidos, que poderá mudá-los. Somente quando você decidir que não consegue mais tolerar a quantidade de dinheiro que ganha é que começará a avançar em direção ao objetivo de ganhar mais dinheiro. **Se estiver disposto a tolerar algo, provavelmente é isso que você obterá.**

Se não mudar seus critérios, seus objetivos serão irrelevantes.

Muitas pessoas falham ou são infelizes porque estabelecem critérios muito baixos sobre como desejam ser tratados. **Se não estabelecer quais são seus critérios e defini-los claramente, outras pessoas pisarão por cima deles, simplesmente porque não está claro o que lhe é aceitável e o que não é.**

Às vezes esse empurrão para baixo pode ser involuntário e vir de pessoas bem-intencionadas em sua vida que talvez não saibam que estão fazendo isso. Por exemplo, se não houver critérios exigentes e limites entre duas pessoas, o relacionamento será tortuoso e, por muitas vezes, falhará.

Seus critérios para um relacionamento devem ser claramente definidos e mutuamente acordados. Além disso, **nunca tolere um tratamento inferior ao que você merece.** Estabeleça os critérios em seu relacionamento com seu cônjuge, namorado/namorada, relações comerciais ou qualquer outra pessoa em sua vida. **Torne-os consistentes com sua autoestima.**

Nos negócios, uma organização sem critérios exigentes é uma organização descontrolada. É uma organização que não está funcionando em plena capacidade. Por mais competitivos que sejam os negócios, essa é uma receita para o fracasso. Em sua empresa, todos os funcionários são capazes de dizer quais são os objetivos da organização e quais são os critérios para atingir esses objetivos de negócios? E tão importante quanto, eles conseguem cumpri-los? **As maiores empresas e as equipes esportivas dinásticas sempre estabelecem os mais altos padrões.**

 ## Onde Encontrar Seus Critérios

Você já tem critérios que definem sua vida. Entender de onde vieram é um dos passos para subir de nível e criar critérios mais exigentes que o levarão à mudança. Eles são um reflexo das pessoas com quem trabalha, dos seus pais, amigos, familiares, igreja, redes sociais, mídia de notícias e livros que lê.

Você também tem outras influências. Se você é um atleta, idolatra astros como Simone Biles, Mia Hamm, LeBron James, Mike Trout ou Patrick Mahomes. Os técnicos se identificam com Steve Jobs, Mark Zuckerberg e Jeff Bezos. Os intelectuais são movidos por grandes pensadores e líderes religiosos como o Dr. Martin Luther King Jr., Mahatma Gandhi, Ayn Rand, Rick Warren ou Brené Brown.

E não subestime o poder da música através de artistas como Michael Jackson, Beyoncé, Adele, Taylor Swift, John Mayer, Post Malone ou Ed Sheeran.

Talvez você até tenha sido influenciado por conversas casuais que teve com estranhos.

Por natureza, somos criaturas sociais. Precisamos de estímulos. Buscamos validação em nossos relacionamentos. A maioria de nós gosta de pertencer a uma variedade de grupos de pessoas com ideias semelhantes. Gostamos de trocar ideias e aprender coisas novas que evoluem e moldam nossas percepções. Elas influenciam nossas crenças sobre o mundo, nossa comunidade, nossa família e, mais importante, nosso próprio ser. Não é possível desativar esses tipos de interações. Você murcharia e morreria. Mas **pode tornar-se mais ciente de como elas moldam a sua forma de pensar e como isso o define como pessoa**. Faça questão de entender como o afetam a partir de uma perspectiva comportamental, moral, ética e divina.

Pense no Seu Cérebro Como um Liquidificador

Uma vez que você é exposto a ideias diferentes, seu cérebro recebe todas essas informações, quer concorde com elas, quer não, e combina esses pensamentos para criar algo diferente. É possível rejeitar completamente novas noções na superfície, mas em seu subconsciente, seu cérebro processa as coisas ao longo do tempo. Talvez possa mudar sua maneira de pensar, de uma forma que o leve a critérios mais exigentes e mais sábios.

As informações recebidas diariamente são inevitáveis. **Para ativar as mudanças que lhe foram destinadas, deve haver uma decisão consciente em utilizar apenas aquilo que achar valioso e aplicá-lo de maneira considerada, a fim de criar seus critérios únicos.**

Se for preguiçoso e utilizar os critérios das pessoas, lugares, grupos e mídia com os quais é próximo, obterá as mesmas coisas que todos os outros. Esse não é o caminho para sua melhor vida.

Ative um Critério Mais Rígido

Você está feliz com a quantidade de dinheiro que ganha atualmente? Talvez tenha ficado preso em um emprego que lhe paga US$75 mil por ano nos últimos três anos. Diga a si mesmo: "Quero ganhar US$100 mil ano que vem." Esse é o seu objetivo.

A questão agora é: "Como chegarei lá?" E é nesse momento que os critérios são importantes. **Eles são o conjunto específico de ações que você deve realizar para atingir seu objetivo.**

Nesse caso, talvez seja necessário aumentar o número de ligações que faz aos clientes ou fazer aulas de negócios que agreguem valor ao seu negócio, tornando-o um candidato mais atraente para uma promoção. Talvez precise vir trabalhar mais cedo, ficar até mais tarde, dedicar algum tempo aos sábados ou encontrar um novo emprego que lhe pague o que acha que merece.

Os critérios são mais valiosos quando são específicos.

Faça vinte ligações a mais por semana para os clientes. Faça aulas que garantirão seu mestrado em dezoito meses. Comprometa-se a trabalhar seis horas todos os sábados e ficar duas horas a mais, três dias por semana. Essas ações se tornam seus critérios para alcançar seu objetivo.

Infelizmente, muitas pessoas nunca vão além do estágio dos sonhos. Mesmo que haja um forte desejo de atingir uma meta que definiram, não querem pagar o preço para atingir essa meta. **Em todas as partes da sua vida, quando se trata de metas e critérios, eles devem estar alinhados para que se encontre a harmonia. É ela quem gerará seu sucesso.**

Metas sem critérios são apenas um monte de pensamentos e palavras a esmo. São apenas desejos soltos que nunca se materializarão, a menos que os combine com os critérios certos. Se você criou metas e não as atingiu, é porque os critérios não eram congruentes com elas.

Está é outra coisa verdadeiramente libertadora: **ao definir os padrões certos que correspondem aos seus objetivos, sua vida se**

tornará muito menos estressante. Seus objetivos, embora importantes, tornam-se secundários. Talvez isso soe um pouco contraintuitivo, mas é a verdade.

Por exemplo, se você deseja formar uma equipe campeã, quais são os critérios de preparação que está disposto a tolerar? E quais são os de execução?

O técnico Nick Saban é o maior técnico de futebol universitário de todos os tempos. Suas equipes venceram mais de 80% dos mais de 300 jogos que ele treinou. Durante a temporada de 2020, ele conquistou seu 7° campeonato nacional, apesar de ter contraído a Covid-19 no meio da temporada. Ainda mais impressionante, seu Crimson Tide chegou a uma temporada invicta de 13-0 ao longo do caminho.

O treinador Saban estabelece um critério diferente da maioria dos outros treinadores. Esses treinadores criam o critério de "Vamos praticar até acertar". O treinador Saban define como "Praticaremos isso até que não seja possível errar".

Esse é o pensamento de alto nível e um critério rigoroso. Também é um critério vitorioso. A diferença é tão sutil, mas separa o maior de todos os tempos do resto do mundo.

Nove Maneiras de Definir um Critério Rigoroso

Definir critérios mais rígidos, claros e definidos é algo pessoal e exclusivo. Mas existem alguns princípios universais que você pode aplicar para garantir a criação de critérios mais elevados em qualidade, independentemente de quais sejam seus objetivos.

Isto é o que você deve considerar:

1. **Entenda o "porquê".** A menos que sua motivação seja clara, você não desenvolverá os critérios ideais para seu objetivo. É muito diferente dizer "Quero perder 20 quilos

porque talvez seja uma boa ideia", em vez de "Quero perder 20 quilos porque minhas costas doem, meu médico diz que tenho pressão alta, sou quase diabético e talvez não viva para ver meus netos". Quanto mais fortes e específicos forem seus motivos para fazer algo, maior será a probabilidade de seguir seus critérios.

2. **Divida critérios rígidos em passos detalhados e atingíveis.** Não diga: "Vou me levantar e correr um pouco, depois levantar alguns pesos." Seja intencional, meticuloso e específico.

    Diga a si mesmo: "Vou correr 10 quilômetros 3 dias por semana, trabalhar com um treinador para criar uma rotina de treinamento de peso ideal que farei 5 dias por semana e mudarei minha dieta para proteínas e cardápio à base de vegetais."

3. **Seja honesto consigo mesmo.** Se seguir o regime de exercícios acima aos 55 anos e pesar 160 quilos, você não apenas estará se preparando para o fracasso, mas também para um passeio com o SAMU.

    Não deixe seu ego comandar sua mente quando se trata de estabelecer metas e critérios realistas. Comece em um lugar que faça sentido. Você sempre pode atualizar seus objetivos e critérios assim que houver progresso. Seja prudente e transparente consigo mesmo ao desenvolvê-los.

4. **Peça ajuda em áreas que entende pouco.** Encontre um companheiro de treino. Recrute um mentor de negócios experiente. Ouça fitas e podcasts motivacionais. Cerque-se de pessoas afins em jornadas afins. Faça o que for preciso para fortalecer seus esforços.

Haverá dias e períodos em que vacilará. Desejará desistir. Isso é normal. Talvez questione se seu objetivo vale a pena. Talvez dirá a si mesmo que seus critérios são muito complicados. Bem-vindo à condição humana.

É aqui que entra a disciplina mental. Revisite sua motivação original. Entenda quais influências o atrasam e, em seguida, elimine-as, se possível.

Amigos, familiares e colegas de trabalho bem-intencionados podem ser seus maiores inimigos porque também são seus maiores aliados. Quer queira, quer não, você se importa com o que eles pensam, sejam esses pensamentos bons e ruins. Eles fazem parte do seu círculo interno e influenciam constantemente seus pensamentos e ações. Cabe a você filtrar as mensagens que são positivas e significativas. Não se deixe influenciar por um resultado menor simplesmente por causa da familiaridade.

Objetivos dignos e critérios correspondentes não devem ser fáceis de alcançar. Se sua força de vontade vacilar, redobre seus esforços e dê crédito a si mesmo por ser inteligente o suficiente para reconhecer que parte do seu progresso deve ser trabalhar ainda mais.

5. **Use a tecnologia para definir e manter seus critérios**. Não muito tempo atrás, os gurus do autoaperfeiçoamento pregavam que você precisava anotar seus objetivos, olhar no espelho do banheiro e repeti-los todos os dias. Percorremos um longo caminho desde então. Para otimizar a possibilidade de ser bem-sucedido, use a tecnologia para ajudá-lo a definir e manter seus critérios.

Use seu celular ou computador para criar um vídeo com suas metas e critérios. Fale consigo mesmo. Faça isso energizado e no seu auge. Dessa forma, ao reproduzi-lo, estará nesse mesmo estado todas as vezes.

Em vez de apenas anotá-los, você receberá a motivação adicional de estímulos auditivos e visuais enviados ao seu cérebro. A plasticidade sináptica do cérebro melhora. Quando isso acontece, ele se torna mais capaz de se flexionar, se adaptar, e criar caminhos aprimorados para o aprendizado.

Você está observando a pessoa que deseja ser. Pense nisso como uma versão 2.0 sua.

6. **Pense com carinho em sua relação com seus critérios.** Venus e Serena Williams não aprenderam a jogar tênis a nível mundial saindo depois da escola algumas vezes por semana e jogando amistosos aqui e ali. As duas se tornaram tenistas altamente talentosas ao aprimorar suas habilidades por milhares de horas, melhorando cada técnica para eventualmente se tornarem lendas. Criaram critérios compatíveis com o objetivo de serem as melhores tenistas do mundo.

Quando seus critérios não correspondem ao que é necessário para atingir sua meta, você não estará devidamente motivado. Se defini-los abaixo de suas capacidades, não se sentirá desafiado e perderá o interesse.

Critérios baixos produzem resultados baixos. Nesse caso, por que se preocupar?

7. **Esqueça a perfeição.** Esse é um golpe mortal. A perfeição é o critério mais baixo que existe. E, realisticamente, a perfeição não existe. Se quer se frustrar e desistir, parta do pressuposto que precisa ser perfeito. Até as irmãs Williams perderam muitas partidas ao longo do caminho.

A perfeição também é chata! São nossas falhas que nos tornam interessantes. Humanos. E nos identificamos assim. Todo mundo tem defeitos. E quem pensa que não tem nenhum é aquele com o maior defeito de todos.

8. **Não pense demais.** Seja diligente e minucioso. Mas, pelo amor de Deus, tome atitude e mexa-se. Já vi milhares de pessoas se tornarem seus piores inimigos ao pensarem demais. Já vi muitas terem ótimas ideias para negócios incríveis, apenas para revirar, cutucar, focar as minúcias e fracassar antes mesmo de chegar à linha de partida.

Pensar é bom. Pensar demais é ruim!

9. **Defina critérios que o agradem.** Já falei sobre isso, mas vale a pena repetir simplesmente porque somos programados para agradar os outros. Seja egoísta quando se trata de desenvolver seus critérios. Essa é a sua jornada. Não pertence a mais ninguém. É pessoal. Continue assim ou apenas perderá tempo, acabará com uma grande confusão da qual desejará fugir e terminará em pior estado do que quando começou.

Adoro o que Rick Pitino disse sobre isso: "*Defina critérios mais rígidos para o seu próprio desempenho do que para qualquer pessoa ao seu redor, e não vai importar se seu chefe é chato ou tranquilo. Não fará diferença se a concorrência o pressiona, porque você estará competindo apenas consigo mesmo.*"

Elevar Critérios é Um Trabalho em Progresso

Ninguém sabe melhor do que você quais devem ser seus critérios. Dito isso, desenvolvê-los nem sempre é uma tarefa fácil. Se está tentando se destacar e fazer algo novo, talvez você não tenha todas as ferramentas ou conhecimentos necessários para avaliar com precisão quais critérios precisará desenvolver para atingir seus objetivos.

A boa notícia é que eles não são permanentes. Muitas vezes, as pessoas criam critérios que acreditam estar de acordo com o que precisam. No entanto, à medida que ganham experiência e outras variáveis entram em jogo, essa dinâmica pode criar a necessidade de subir para um padrão mais exigente.

Seus critérios devem ser adequadamente desafiadores. Você crescerá e mudará ao longo do caminho. **Portanto, você deve revisar seus objetivos e critérios mais rígidos regularmente. Ao dominar um deles e atingir seu objetivo, reajuste-os.**

Se tem sido diligente em seus esforços e algo começar a parecer "fácil", você saberá. Talvez seja hora de definir uma meta diferente com critérios diferentes depois de realizar o que deseja. **Mas para uma diferença notável em sua vida, considere subir de nível ao criar critérios de modo ainda mais exigente para levá-lo a uma meta ainda mais distinta baseada naquilo que já fez.**

Além disso, **não é saudável comparar a si mesmo ou seus critérios com os outros.** Essa é a sua jornada e somente sua. Continue assim! Você não tem ideia da realidade da outra pessoa, mesmo se souber de alguns detalhes. *Especialmente* se ela própria lhe contou. Você só ouvirá aquilo que ela quer que ouça. Ao se comparar, também ficará tentado a diminuir seus critérios para alinhá-los aos de outra pessoa. Isso é inaceitável. **É da natureza humana se comparar, mas estou lhe dizendo agora: não faça isso!**

Considere a alternativa. Suponha que você compare seus critérios com os de outra pessoa e descubra que os dela são incrivelmente exigentes quando comparados aos seus. Nesse caso, talvez esteja se preparando para uma grande decepção psicológica. É uma perda de tempo e não o ajudará a se aproximar dos resultados desejados. **A única pessoa com quem deve se comparar é consigo mesmo.**

As Consequências de Critérios Exigentes

A mudança gera consequências. Definir critérios mais elevados cria consequências. **Quando os pensadores que Vão Além definem um padrão exigente, eles experimentam consequências boas e ruins.**

Os bons são óbvios. Quando seus objetivos estiverem alinhados com seus critérios mais exigentes, você desfrutará de uma vida mais plena e feliz. Ao repetir esse processo em diversas áreas da sua vida, experimentará uma poderosa transformação. Não apenas se tratará melhor, mas também tratará os outros melhor. Da mesma forma, os outros entenderão que você tem uma expectativa maior de como deseja ser tratado, e a maioria honrará essa expectativa e o tratará com mais respeito.

No entanto, **algumas pessoas em seu círculo ficarão com ciúmes de sua disciplina e sucesso.** Se continuarem a duvidar de você, permanecendo com ciúmes ou não conseguindo ver que podem compartilhar e comemorar seu sucesso, será necessário reconsiderar seu relacionamento com essas pessoas. Elas superarão isso em breve. Ou, por mais duro que pareça, talvez precise cortar o relacionamento com elas.

Ao desenvolver critérios exigentes, também desfrutará de mais resiliência. Você se recuperará de contratempos mais rapidamente. Eles se tornarão hábitos e substituirão os critérios inferiores que costumavam guiá-lo. **Mesmo que não obtenha a vitória completa, ainda falhará mais acima e chegará em uma base mais elevada.** Depois de se erguer, estará em um lugar melhor para avançar para novos objetivos e critérios mais rígidos.

Defini-los não é fácil. Mas considere a alternativa: ao mirar baixo, você estabelecerá metas indignas, criará critérios desmotivados e acabará por viver uma vida inferior ao que é capaz e inferior ao que merece.

Pense em Impossibilidades e Realize Possibilidades para Ir Além

A filosofia de uma pessoa não é melhor expressa em palavras; é expressa pelas escolhas que a pessoa faz. A longo prazo, moldamos nossas vidas e moldamos a nós mesmos. O processo só termina quando morremos. E as escolhas que fazemos são, no final das contas, nossa própria responsabilidade.

— ELEANOR ROOSEVELT

A FILOSOFIA FUNDAMENTAL PARA IR ALÉM combina tanto os atos de pensar quanto fazer.

Para idealizar plenamente sua melhor vida, não basta pensar sobre o que quer fazer. Seus pensamentos podem ser claros e precisos. **Mas, a menos que aja em cima desses pensamentos, não irá a lugar nenhum na vida. Os pensadores que Vão Além também devem ser os praticantes que Vão Além.** Para estabelecer a junção certa desses dois elementos, quero que você se torne um pensador de impossibilidades *e* um realizador de possibilidades.

Aprenda a Pensar e Enriquecer

Se você quer melhorar sua vida, um dos melhores livros sobre o assunto é *Pense e enriqueça*, de Napoleon Hill. Gerações de empresários, empreendedores, artistas, atletas e aqueles com meios e objetivos mais modestos em todo o mundo reuniram ideias valiosas e inspiraram-se a atingir níveis além de grandeza depois de ler este livro produtivo.

Como pensador que Vai Além, você deve ler o livro de Hill, caso ainda não o tenha feito. Ele possui várias ferramentas excelentes para romper barreiras e se tornar um pensador de impossibilidades mais dinâmico, que ousa sonhar com coisas que a maioria dos outros considera impossíveis.

Seus sonhos são iguais às suas riquezas. Talvez seu sonho seja morar em uma fazenda e criar gado no Mato Grosso. Ou lançar uma empresa que forneça água potável para áreas empobrecidas do mundo. Talvez seu sonho seja ganhar a vida com música ou atuação para trazer alegria aos outros com a sua arte.

Tenho um respeito profundo por Napoleon Hill e *Pense e enriqueça*. Meu único problema com o livro é que não acho que ele explora o suficiente como obter um alto desempenho nos tempos contemporâneos.

Quando foi escrito, em 1937, o mundo era um lugar muito diferente. Os Estados Unidos estavam passando pela Grande Depressão. Um grande número de pessoas estava desempregada e passando fome. Os problemas na Europa começavam a prenunciar um futuro sinistro do que seria a Segunda Guerra Mundial. Os norte-americanos precisavam de esperança. Napoleon Hill, inspirado por uma sugestão de Andrew Carnegie, a entregou a eles.

Mais de 80 anos após seu lançamento, *Pense e enriqueça* já vendeu mais de 15 milhões de cópias e é considerado uma leitura obrigatória para quem quer ter sucesso em qualquer área de trabalho. **Todos os princípios dele são essenciais para o sucesso.** Vale a pena mencioná-los porque ainda são estratégias válidas e poderosas hoje.

Esses princípios são:

Pensamentos São Coisas

Desejo

Fé

Autossugestão

Conhecimento Especializado

Imaginação

Planejamento Organizado

Decisão

Persistência

Poder da Mente Mestra

O Mistério do Sexo Transmutado

A Mente Subconsciente

O Cérebro

O Sexto Sentido

Ao ler o livro, verá que todos esses conceitos se relacionam primariamente com pensamentos. Mas você não fica rico simplesmente ao pensar sobre isso. **Você fica rico ao agir. Mais especificamente, fica rico, altamente produtivo ou mais feliz quando seus pensamentos e ações estão interligados.**

Embora um dos pensamentos mais famosos de Hill seja sobre ação — "O homem que faz mais do que é pago para fazer logo será pago por mais do que faz" —, o livro não expande esse tópico o suficiente. É necessário casar suas ações com seus pensamentos se quiser alcançar seus objetivos.

Seus pensamentos são o ponto de partida de seus sonhos, e você deve fazer o favor a si mesmo e sonhar alto. A parte triste é que **muitas pessoas nunca vão além desse estágio.** Seus sonhos terminam em seus pensamentos. Esse potencial não realizado de fazer algo grande e ser feliz pode ser enlouquecedor.

Os sonhos são a essência dos pensamentos impossíveis. É preciso sonhar para plantar as sementes do que pensa que pode alcançar.

É quando combina esse pensamento de impossibilidade com ações intencionais voltadas diretamente para a realização de seus sonhos que você se torna um realizador de possibilidades.

Pense em seus sonhos como desafios que vivem dentro de si. Você não perde nada ao se desafiar assim. É saudável e eu o encorajo fortemente a pensar muito sobre o que o ajudará a encontrar sua versão de riqueza na vida.

Mas não pare por aí. Para perceber o que a vida reserva, **pense e enriqueça.** Sonhos e pensamentos sem acompanhamento de ações só o deprimirão e frustrarão.

Os pensadores que Vão Além entendem isso e implementam um termo atualizado da Terceira Lei de Newton. Você conhece a lei original, que afirma: "Para cada ação sempre haverá uma reação igual e oposta." Nesse caso, de modo atualizado seria: "Para cada ação sempre haverá uma reação igual e complementar." **Pensamentos e ações são um par.** Emprestando mais da Lei de Newton, os pensadores que Vão Além também entendem que "o tamanho dos seus pensamentos deverá ser equivalente à força das ações a serem realizadas".

Não é possível controlar todos os seus pensamentos. Essa é a beleza do funcionamento do cérebro humano. Não há sonhos errados na sua cabeça. **O problema é que é impossível medir seus pensamentos ou os pensamentos de outros. No entanto, é possível controlar aquilo que você faz, e isso sim é mensurável.**

Por exemplo, se você se exercita na academia e deseja aumentar a força dos seus braços, 2 séries de 8 repetições com halteres podem se tornar 3 séries de 10. Se deseja melhorar seu condicionamento cardiovascular, 30 minutos em uma esteira podem se tornar 45 minutos. Em vez de treinar 3 dias por semana, vá a academia 5 dias por semana.

Medir seu progresso medindo suas ações faz de você um empreendedor de possibilidades. Existem riscos e custos associados à ação? Claro, existem. Mas os associados à inação são muito maiores. **Ela sufoca o progresso e aniquila o crescimento pessoal.** Seu tempo é finito e limitado. Então por que continua parado em vez de se envolver na vida que deveria levar?

Torne-se um Pensador de Impossibilidades e um Realizador de Possibilidades

Grandes filósofos ao longo da história há muito entenderam a ligação entre pensamentos e ações.

O grande pensador grego Epiteto encorajava seus seguidores a "... *não se preocupar com aquilo que está fora do seu controle. A única coisa que você pode controlar são seus pensamentos e ações. Escolhemos nossas reações. Pare de aspirar ser alguém além da sua melhor versão, pois isso é o que está sob seu controle."*

1 João 3:18 nos diz: *"Filhinhos, não amemos de palavra nem de boca, mas em ação e em verdade."*

Mahatma Gandhi é um dos muitos que disse uma versão do seguinte:

Nossas crenças se transformam em pensamentos,

Os pensamentos em palavras,

As palavras se tornam ações,

Essas ações repetidas se tornam hábitos,

Esses hábitos formam nossos valores,

Nossos valores determinam nosso destino.

Mark Twain disse pouco, mas não foi menos efetivo quando escreveu: *"Ações falam mais do que palavras, mas não tanto quanto gostaríamos."*

O conceito de ser um pensador de impossibilidades e um realizador de possibilidades não é novo. O problema é que a junção dessas duas ideias costuma ser negligenciada. Procrastinação, negação ou medo são motivos comuns pelos quais pensadores ficam presos pensando e não agem.

Muitos caras veem uma mulher atraente e pensam em convidá-la para sair. Mas apenas alguns superarão o medo ou procrastinação e terão a coragem de tentar. Já viu uma mulher bonita nos braços de um homem comum e se perguntou: "Como ele fez isso!?" **Ele fez isso porque é um pensador que Vai Além da impossibilidade e atinge possibilidades.**

Os bebês são seres humanos notáveis. Considere o simples ato de um bebê aprender a andar. Durante toda a sua vida, ele só sabia engatinhar. Enxergam outros humanos de pé andando por aí e começam a imaginar um mundo em que rompem a impossibilidade de ficarem em pé sozinhos. A princípio, agarram-se a mesas de centro ou sofás e se levantam. Cairão algumas vezes. Haverá lágrimas, solavancos e machucados. Eventualmente, esse bebê ficará de pé, colocará um pé na frente do outro e, para a alegria dos pais, começará a andar como se fosse um truque antigo. Isso é algo que necessita de horas de prática, desde o momento em que aprendem a ficar de pé até andarem sem ajuda. É uma conquista monumental digna da celebração de todos os pais.

Se um bebê pode fazer isso, você também pode se tornar um pensador de impossibilidades e um realizador de possibilidades. **Esteja disposto a sonhar alto, arriscar, deixar suas barreiras de lado e fazer mesmo assim.** Quer seja aprender dança de salão, negociar ações ou ser a atração principal do Carnegie Hall, coloque seu subconsciente para trabalhar e, em breve, suas ações o impulsionarão em direção a seus objetivos.

Assista a um Filme Mudo

Se me mostrar suas ações e comportamentos, posso lhe mostrar como você pensa. Isso porque **o que você faz é um reflexo de como pensa.** No entanto, o que você pensa nem sempre é um reflexo do que faz.

Isso é importante porque, uma vez que você entende como funciona a relação entre os pensamentos e as ações de alguém, poderá prever comportamentos. Tenho certeza de que concorda que essa é uma ferramenta poderosa para ter à sua disposição. Aqui estão vários exemplos do que quero dizer.

Não sei dizer se você está pensando em fazer uma dieta para perder 18 quilos. Mas posso dizer como seu corpo ficará com base na maneira que come e se exercita. Você se empanturra tarde da noite com biscoitos e sorvete? Ou vai à academia ou corre vários dias por semana?

Uma mulher que vai a um primeiro encontro tem várias "pistas" que indicarão o tipo de cara que ele é e se o relacionamento deve ir adiante. Não são desqualificadores. São indicadores. Por exemplo, ele abre portas para você? Se estão em um restaurante, como ele trata a recepcionista e os garçons? Ele desliga o telefone quando está com você? Ou, pelo menos, pede desculpas se tiver que atender uma ligação importante? **O que muitas pessoas chamam de intuição feminina pode ser apenas observações altamente sintonizadas.**

Se estiver sentado à mesa com alguém enquanto tenta fechar um grande negócio, o que a linguagem corporal dessa pessoa lhe diz sobre seu nível de interesse? Estão ansiosos para encerrar ou fazem perguntas importantes para detalhar os pontos mais delicados do projeto? Discutem cada detalhe ou entendem que os melhores negócios garantem vantagens mútuas e, em vez disso, buscam um acordo?

Nessas situações, e na maioria das interações com outras pessoas, **o que você faz supera como pensa.** Sua vida não é baseada em pensamentos, mas em ações. Mostre-me o que faz e lhe direi como pensa. Para ilustrar esse ponto, desenvolvi algo que chamo de **"Assista a um Filme Mudo."**

Suponha que, em todas as suas interações com os outros, não há som. Não há escolha a não ser fazer suposições sobre outros e decidir apenas a partir de ações. Por isso, a falta de som significa que você não consegue ouvir os pensamentos deles. No entanto, apesar disso, você ainda consegue ver o resultado pela forma como o filme mudo se desenrola na sua frente.

Essa é outra maneira fácil de entender e testar essa tática: da próxima vez que estiver sentado no sofá em casa, encontre um programa a que nunca assistiu antes. Ligue-o, mas mute o som. Comédias românticas são um excelente gênero para isso. Muitas vezes, as tramas são centradas em desejos ocultos que se revelam ao longo de duas horas. Jogue o jogo. Consegue descobrir o enredo baseado apenas nas ações?

Talvez você já faça isso quando um amigo ou membro da família lhe telefona durante um programa que não deseja parar de assistir. Você muta a televisão. Tem uma conversa curta e olha o tempo todo para o seu programa. Na maioria das vezes, quando a ligação termina, não há necessidade de rebobinar. Apenas ativa o som, continua assistindo e sente que não perdeu nada.

Alinhamento É a Chave

Na vida, **vencer tem tudo a ver com o quão bem você interage com os outros.** Tentar entender o que se passa na cabeça de alguém é um elemento crítico para um resultado positivo. Porém, como mencionei, nem sempre é possível dizer o que as outras pessoas estão pensando. Sim, muitas pessoas dão dicas falando demais. Mas muitas escondem seus pensamentos e ficam caladas. Em alguns casos, até mentem.

O que funciona bem na leitura de outras pessoas também funciona bem para você. **O alinhamento entre seus pensamentos e suas ações é essencial para o sucesso.** Embora equilibrá-los possa ser um desafio para muitos, **ele ocorre quando seus pensamentos se manifestam nas ações que realiza.** É por isso que os melhores dos melhores se tornam pensadores de impossibilidades *e* realizadores de possibilidades.

Ao estabelecer critérios rigorosos e agir de acordo com eles, você desfrutará do sucesso e da felicidade. Como disse o filósofo e médico inglês John Locke: *"Sempre considerei as ações dos homens como as melhores intérpretes de seus pensamentos.*" Com as sementes firmemente plantadas em seu cérebro, fica muito mais fácil agir de determinada maneira ao alinhar-se.

Conheço pensadores positivos que venceram na vida. Mas também conheço muitos céticos e pessimistas que também tiveram sucesso na vida. Conheço pessoas com uma visão tremenda que venceram e pessoas com uma visão igualmente grande que fracassaram. Também conheço algumas pessoas com visão limitada que foram bem-sucedidas. Conheço aquelas que pensam grande, são aventureiras e venceram e conservadores e avessos ao risco que também venceram.

Não existe uma maneira única de pensar que leve as pessoas ao sucesso. Mas há apenas uma maneira de agir e se comportar que pode levar a resultados extraordinários: tornar-se um pensador que Vai Além da impossibilidade e realiza possibilidades.

Reflexões sobre Martin Luther King Jr. e *Força para amar*

Se sabe alguma coisa sobre mim, você sabe que acho que **Martin Luther King Jr. é um dos melhores seres humanos que já viveu.** Recorro a ele com frequência, com reverência e como uma fonte de conforto e bom senso. Quero compartilhar essa passagem de sua coleção de sermões, *Força para amar*, por causa de seu profundo impacto em mim, e espero que tenha o mesmo efeito em você também. Não há maneira melhor de resumir o desafio contínuo do que significa ser um pensador de impossibilidades e um realizador de possibilidades do que estas palavras:

> *Uma das grandes tragédias da vida é que os homens raramente transpõem o abismo entre a prática e a profissão, entre o fazer e*

o dizer. Um distúrbio persistente que deixa muitos de nós tragicamente divididos contra nós mesmos.

Por um lado, professamos com orgulho certos princípios sublimes e nobres, por outro, porém, praticamos tristemente a própria antítese desses princípios. Quantas vezes nossas vidas são caracterizadas por uma alta pressão de credos e uma anemia de ações!

Falamos eloquentemente sobre nosso compromisso com os princípios do cristianismo, mas nossas vidas estão saturadas com as práticas pagãs. Proclamamos nossa devoção à democracia, mas infelizmente praticamos exatamente o contrário. Falamos apaixonadamente sobre a paz e, ao mesmo tempo, nos preparamos assiduamente para a guerra. Fazemos apelos fervorosos pelo caminho superior da justiça e, então, trilhamos com firmeza o caminho inferior da injustiça.

Essa estranha dicotomia, esse abismo agonizante entre o dever e o ser, representa o tema trágico da peregrinação terrena do homem.

Um Hábito Além

Seu patrimônio ao mundo geralmente é determinado pelo que resta depois dos seus hábitos ruins serem subtraídos dos bons.

— BENJAMIN FRANKLIN

MOSTRE-ME SEUS HÁBITOS E LHE MOSTRAREI SUA VIDA.

Posso prever com alto grau de precisão os resultados que você alcançará com base em seus hábitos, pois eles estão diretamente relacionados aos resultados da sua vida.

Seu cérebro entende a importância deles porque ele é um órgão incrivelmente eficiente. O DNA do cérebro é programado para protegê-lo, e assim conservar energia mental sempre que possível para que essas reservas possam ser aplicadas a outras partes da sua vida que necessitam de mais energia cerebral.

O que isso tem a ver com hábitos?

Seu cérebro tenta poupar energia constantemente.

Esse é um ponto importante a ser entendido porque ele está diretamente relacionado a como construir e mudar hábitos e é a razão pela qual você tem hábitos.

Eles são um resultado direto de ações tomadas subconscientemente pelo seu cérebro, a fim de garantir que você use menos energia para obter um resultado desejado. **Com hábitos, seu cérebro já sabe o que você precisa fazer e entra em piloto automático,** como um carro em controle de cruzeiro para criar a máxima eficiência de combustível.

Pense em quantas vezes acordou de manhã e seguiu sua rotina de se arrumar, se vestir e tomar café da manhã. Se você tem um cronograma definido, há uma boa chance de que, na maioria dos dias, tenha realizado todas essas tarefas antes de perceber que está acordado e pronto para começar o dia. Conhece esse sentimento... do primeiro momento de clareza matinal e que raramente ocorre logo após acordar.

Você chegou até aquele ponto do dia porque seus hábitos lhe guiaram.

Esta é a revelação: vários estudos mostraram que a maioria das ações que realizamos são hábitos.

Algumas pessoas bebem duas xícaras de café às 8 da manhã, sem falta. Outras almoçam exatamente no mesmo horário todos os dias. Jogadores de golfe têm um modo exato para bater no taco e pessoas que vão à academia costumam ir nos mesmos dias da semana e fazer os mesmos exercícios todas as vezes.

Às vezes esses hábitos são ainda mais específicos e rotineiros, e estamos ainda menos conscientes deles. Por exemplo, a maioria escova os dentes ou toma banho antes de começar o dia. Sem variação.

E você? O que faz primeiro e com que frequência pensa nisso?

Vamos além.

Falaremos mais sobre gatilhos mais adiante neste capítulo. Porém, por enquanto, quando entra no chuveiro, a água é um gatilho que inicia o hábito dos seus atos no chuveiro.

Você começa lavando a cabeça? Pega uma barra de sabão e ensaboa o rosto e depois o resto do corpo? Costuma ficar de pé e deixar a água escorrer em suas costas por um minuto enquanto relaxa ou planeja seu dia?

Aposto que há uma sequência na forma como se arruma todos os dias e não pensa muito a respeito, não é?

Esse é um excelente exemplo de como os hábitos funcionam.

Ao entrar no carro para começar a se deslocar para o trabalho, ligar o carro é um gatilho que inicia o hábito de como você dirige para o trabalho. Talvez você ajuste os espelhos, afivele o cinto de segurança, ligue o rádio do carro, ouve um podcast favorito e verifique o nível de combustível antes de colocar o carro em movimento e sair de casa.

Seu cérebro entra no modo habitual porque você já dirigiu para o trabalho tantas vezes que ele sabe o que fazer com muito menos pensamento ativo de sua parte.

Esse único gatilho ao ligar o carro inicia um hábito que persiste por toda a duração do trajeto para o trabalho e, assim, economiza muita energia cerebral no processo.

Incontáveis tipos de atividades são hábitos. Você não pensa neles. Apenas faz. E muitas vezes, esses hábitos funcionam muito bem.

Mas nem sempre. Às vezes você desenvolve hábitos ruins que não lhe servem bem.

Quando isso acontecer, se deseja mudar sua vida para melhor, preste muita atenção neles e faça mudanças que se alinhem com o que você quer que sua vida seja.

Seja Intencional Sobre Seus Hábitos

Sob pressão, você sempre entrará em um modo habitual em seu cérebro. **Hábitos são reflexos.**

Por exemplo, se deseja manter um alto nível de condicionamento físico, mas você tem o hábito de ir à academia apenas duas vezes por semana e come muitas besteiras, não alcançará sua meta.

Se deseja uma vida familiar unida e feliz, você passa uma noite por semana apenas com seu cônjuge ou um tempo com seus filhos em particular? Existe um momento recorrente em sua casa em que todos se reúnem em família? Vocês têm o hábito de comer juntos à mesa na maioria das noites?

Esses tipos de hábitos criam uma vida familiar feliz.

Talvez queira mais paz em sua vida, mas não cultiva o hábito de orar, meditar ou ir à igreja. Como você acalmará sua mente se não fizer as coisas necessárias para colocá-la em estado de serenidade?

Ou, se deseja ser um grande líder, mas não aplica ativamente os princípios críticos de liderança no trabalho ou na vida pessoal, também falhará nessas áreas. **Ter entusiasmo ao viver bem todos os dias é importante, mas não tão importante quanto ter bons hábitos.**

Octavia Butler colocou isso em perspectiva quando disse: "(...) *esqueça a inspiração. Um hábito é mais confiável. São eles que o sustentarão, esteja você inspirado ou não.*"

Ao contrário do que você acredita e do que podem lhe ter dito, o **maior separador de águas não é a motivação ou a inspiração. São os hábitos criados para sobreviver aos dias em que realmente não há vontade de fazer aquilo que precisa ser feito para alcançar o sucesso.**

O que você faz quando não se sente bem? Ou quando não está no seu melhor dia? Como faz progresso em seus projetos e metas nesses momentos?

Com rituais e hábitos.

Motivação e inspiração vêm e vão. Mas rituais e hábitos são constantes.

Criar hábitos positivos e eficazes mudará sua vida. A boa notícia é que isso pode ser feito com apenas alguns passos simples. Não há necessidade de complicar demais o processo.

No entanto, antes de aprender como, é crucial entender a maneira como os hábitos nascem, por que confiamos tanto neles e o que acontece dentro do nosso cérebro quando praticamos um deles.

A Ciência dos Hábitos

Ao entender como os hábitos são criados e por que seu cérebro os usa para beneficiá-lo, você aprenderá como atualizar seus hábitos faz mais sentido.

A vida seria muito mais fácil se vivêssemos relaxados o dia todo. Em vez disso, muitas vezes vivemos com vários graus de pressão e estresse, o qual pode ser causado por qualquer coisa, como pagar contas, acertar uma cesta decisiva se você for um jogador de basquete, ter um desentendimento com seu cônjuge ou participar de uma reunião importante com seu chefe ou um grande cliente.

Por um lado, você enxerga tudo isso como parte de sua vida. No entanto, em termos neurológicos, seu cérebro não distingue esses eventos e os trata como ameaças. **Ao percebermos essas ameaças, nosso cérebro aperta um botão, sai do modo pensante e entra no modo de reflexo.** Reagimos e recorremos ao que conhecemos como meio de proteção.

E o que conhecemos são nossos hábitos.

Em termos biológicos, em resposta a uma ameaça percebida, seu hipotálamo ativa e solicita que suas glândulas suprarrenais liberem hormônios, incluindo adrenalina e cortisol. A adrenalina aumenta a frequência cardíaca, aumenta a pressão arterial e os níveis de energia. O cortisol é o principal hormônio do estresse do corpo e, quando ativado, libera glicose na corrente sanguínea. Isso desencadeia várias funções corporais, incluindo sistemas de alerta nas regiões do cérebro que controlam o humor, a motivação e o medo.

Além disso, **quando o estresse aparece e você entra no modo habitual, se não tiver os hábitos certos, afundará na depressão, no desespero e no medo.** Quando isso acontece repetidamente por um longo período, o estresse pode levar à ansiedade crônica, doenças cardíacas, problemas no sono, ganho de peso, problemas digestivos, degradação da memória e da concentração, entre outros.

Por outro lado, ao adotar hábitos positivos que levam a bons resultados, seu corpo produz dopamina. A dopamina cria uma sensação de euforia, e essa euforia religa seus sistemas corporais e conserva energia, o que seu cérebro naturalmente tenta fazer tanto quanto possível.

Se seus hábitos envolvem confiança, paixão, resiliência, força e paz, você responderá instintivamente utilizando-as quando o estresse surgir.

As vias da dopamina controlam as operações dos gânglios basais. Eles estão localizados perto da "base" ou na parte inferior do cérebro. Esse aglomerado de núcleos possui papéis extensos no cérebro, incluindo o envolvimento em uma variedade de funções cognitivas, emocionais e relacionadas ao movimento.

Veja como tudo isso está relacionado aos hábitos.

O cérebro consegue mudar e se adaptar como resultado da experiência. Esse fenômeno é conhecido como plasticidade cerebral ou neuroplasticidade.

Os neurônios são os blocos de construção do cérebro e do sistema nervoso. A neuroplasticidade significa que eles podem ser reconectados, novos caminhos podem ser desenvolvidos e novas conexões podem ser criadas.

Quando os gânglios basais se envolvem em neuroplasticidade, novos hábitos são criados.

A neuroplasticidade é o que lhe permite aprender coisas novas, melhorar suas capacidades cognitivas existentes, recuperar-se de derrames e lesões cerebrais traumáticas e fortalecer algumas funções cerebrais que perdeu ou estão em declínio.

Agora, vamos pegar essa ciência e conectá-la a como desenvolver mais um novo hábito.

Gatilho, Ação, Prêmio

Como pensador que Vai Além, seu objetivo é criar hábitos que se concentrem na liberação de dopamina e minimizem as ameaças percebidas que liberam adrenalina e cortisol. Lembre-se de que eles estão diretamente relacionados às suas emoções controladas pelos gânglios basais, o lugar de onde emanam.

Quer perceba, quer não, essas emoções habituais o controlam. Assim, **ao reformular suas emoções, também reformulará seus hábitos**. Como elas constituem grande parte da sua vida, é possível fazer grandes progressos em todas as áreas que deseja melhorar se ajustar sua maneira de pensar e desenvolver hábitos positivos.

A criação de hábitos envolve três etapas: **o gatilho, a ação e o prêmio**.

O Gatilho

As chaves para desenvolver novos hábitos são **pensamento intencional e repetição**.

Para desenvolvê-los, a primeira coisa necessária é listar hábitos necessários para atingir determinado objetivo. Seja específico e anote-os.

Por exemplo, se seu objetivo envolve condicionamento físico, quais são os hábitos necessários? De que tipo de exercício, alimentação, ingestão de proteínas e hábitos de hidratação você precisa para atingir esse objetivo?

Em seguida, liste os hábitos que não lhe servem bem e que estão relacionados aos objetivos que deseja alcançar. Comece com as emoções ao redor das quais gravita em momentos de estresse. Você fica tenso, com raiva, com medo, tenso ou sem confiança? São elas quem ditam suas ações.

Ao fazer isso, pergunte-se: "Quando estou sob estresse, consigo um resultado melhor cheio dessas emoções negativas ou de emoções mais positivas, como calma, equanimidade e foco?"

Lembre-se: seu cérebro constantemente busca uma maneira de economizar energia. Ele faz isso ao minimizar o número de escolhas em sua vida e as substitui por hábitos rigorosos em seu subconsciente.

Quando seu cérebro percebe que uma ação o impacta, ele aciona uma resposta. Seus gânglios basais trabalham para gerar uma reação. **Sempre que possível, os hábitos se tornam a resposta primária a esse gatilho. É por isso que é importante que aqueles que são adequados já estejam programados em seu cérebro.** Uma resposta habitual positiva tem maior probabilidade de produzir uma liberação de dopamina.

A Ação

A ação tomada é sua resposta ao estado elevado de alerta com o qual se depara.

Digamos que você seja um jogador de beisebol e entre na área do rebatedor. Seu corpo automaticamente trata isso como uma situação importante e reconhece que precisa executar essa tarefa em alto nível.

Ele não consegue distinguir entre jogar ou tentar escapar de uma casa que está pegando fogo. Apenas entende que um estímulo externo deve ser tratado da melhor maneira que seu cérebro sabe como fazer.

À medida que desenvolve bons hábitos como batedor, mais confiança tem ao entrar na área do batedor. E seu cérebro e seu corpo reagirão reflexivamente. No jargão do beisebol, você tem uma chance maior de ficar "travado", dando-lhe uma probabilidade maior de acertar a bola direito.

Deixe-me dar um exemplo do que costumo fazer quando trabalho com atletas para ajudá-los a mudar seus hábitos e desempenho.

Se você é um competidor, não importa o que jogue, é provável que passe por dificuldades em algum ponto. Se for um jogador de golfe, a perda de tacadas fáceis. Se jogar basquete, talvez sejam problemas para fazer lances livres. Se trabalha com vendas, talvez tenha perdido uma dúzia de fechamentos consecutivos.

O que você faz? Precisa desenvolver um novo hábito.

Como? A primeira coisa que precisa fazer é **criar um gatilho**.

Quando trabalho com rebatedores no beisebol, a primeira coisa que faço é fazer com que mudem de gatilho. Isso significa que a primeira coisa que fazem quando entram na área do batedor é mudar o gatilho que os coloca em um modo habitual. Por exemplo, em vez de bater no peito uma vez antes de se preparar para a rebatida, talvez batam três vezes. Talvez eu lhes peça para ajustarem suas luvas de rebatidas de uma maneira diferente ou praticarem um número diferente de tacadas. Fazer isso desencadeia um novo hábito.

Embora possam parecer pequenos e inconsequentes, quando os faz intencionalmente, livra-se do hábito que não lhe servia bem e força seu cérebro a entrar em um novo modo de pensamento. **Pequenos ajustes são os gatilhos para a criação de hábitos** que mudarão completamente a qualidade da sua vida.

Entenda também que programar seu cérebro para desenvolver novos caminhos requer repetição. Criar as ações certas para produzir melhores hábitos envolve prática. Muita, muita prática!

Não espere fazer algo uma única vez e transformar isso em um hábito. Dependendo do que deseja fazer ou mudar, talvez leve vários dias ou até mesmo meses para que isso seja possível.

Esse ponto foi enfatizado por Mark Twain, que disse certa vez: *"Um hábito não pode ser jogado pela janela; deve ser persuadido a descer as escadas um degrau de cada vez."*

Ao ser paciente e intencional, na maioria dos casos você desenvolverá um novo hábito em cerca de trinta dias. Mas não faça corpo mole. Trabalhe duro, pense no que está fazendo e aonde quer chegar antes que seu novo hábito se torne realidade.

O Prêmio

Esse é o resultado. **Ao criar um hábito e o utilizar para atingir um objetivo, você liberará dopamina. Ela diz ao seu cérebro que você gostaria de fazer isso outra vez. Quanto mais dopamina seu cérebro liberar, maior será a intensidade do seu desejo pela repetição.**

Qual é o prêmio?

Ele pode ser tão simples quanto comemorar o alcance da primeira base após uma boa execução de área. Pode ser tão pequeno quanto um cumprimento após sair da sala de reunião e fechar uma grande venda.

Às vezes o prêmio é a própria ação. Pode ser o home run, a venda fechada ou o olhar especial no rosto de seu cônjuge do outro lado da mesa ao saírem para jantar em uma noite especial. Talvez seja relaxar tranquilamente com uma taça de vinho no final de um bom dia ao cumprir muitas tarefas importantes para você.

Ao reformular seu gatilho e mudar suas ações, seu cérebro responderá favoravelmente, pois estarão mais alinhados. **Em vez de lutar contra seu cérebro, ele será recompensado.**

Você pode estar se perguntando: o prêmio é importante? Com toda certeza!

Quando recebe uma recompensa, **você cria um reforço essencial para o gatilho e a ação.** Fortalece o hábito por meio da reação química criada em seu cérebro.

Mudar uma quantidade suficiente de hábitos e obter mais prêmios faz parte do autoaprimoramento. Cada vez que você coloca mais um novo hábito em prática, ficará mais feliz porque será mais produtivo ao avançar em sua vida da maneira devida.

No início deste capítulo, eu lhe disse que essas etapas seriam simples, e são. Não pense demais em como desenvolver mais um hábito.

1. **Desenvolva um novo gatilho.**

2. **Execute uma nova ação.**

3. **Aprecie o prêmio.**

Devido à maneira como seu cérebro foi programado, você praticará seus hábitos constantemente. Ao criar os hábitos adequados, economizará energia e tempo. Graças à neuroplasticidade é possível criá-los e estabelecê-los em menos de trinta dias na grande maioria das vezes.

Examine suas emoções atuais e procure intencionalmente maneiras de criar hábitos. Além disso, elimine, de maneira intencional, aqueles que não lhe servem bem.

Ao procurar mais oportunidades para criá-los, encontrará um caminho distinto para uma vida mais feliz.

Talvez o mais importante de tudo: **um Hábito Além pode não só mudar sua vida, como também salvá-la**.

Alimentar-se de forma saudável, exercitar-se regularmente, dormir o suficiente, desfrutar de seus hobbies, ser voluntário em sua comunidade e outros hábitos semelhantes são coisas que você deve buscar ativamente.

Comecei este capítulo dizendo "mostre-me seus hábitos e lhe mostrarei sua vida". Espero que essa afirmação faça mais sentido agora.

Nossos hábitos têm consequências. Se assumirmos o controle deles de maneira consistente, teremos mais controle sobre os resultados que alcançarmos. É por isso que é essencial, como um pensador que Vai Além, entender a ciência dos hábitos e a necessidade de sermos intencionais no que se refere às nossas ações, a fim de alterar positivamente os resultados em nossa vida.

Um
Multiplicador
Além

O todo é maior do que a soma das suas partes.
— O Princípio Guia da Psicologia Gestalt

COM QUE FREQUÊNCIA VOCÊ INTERAGE COM FOR-ÇAS QUE TRANSCENDEM A NORMALIDADE? Forças que criam resultados que ultrapassam as expectativas. **Você sente que faz parte de algo especial, mesmo que não consiga identificar o quê.** Por alguma razão, algo mundano se torna mágico.

Muitas vezes, basta adicionar uma pequena coisa para que isso aconteça. Algo sutil. Ou óbvio, que produz uma mudança sísmica que desencadeia um efeito multiplicador, feito um tsunami.

As Dinâmicas de um Bom Grupo

A mudança é natural. Às vezes você buscará por elas. Em outras ocasiões, ela o encontrará. **Não a tema.** Ao aceitar sua nova realidade, as coisas mais incríveis poderão acontecer. Em um experimento de laboratório, há elementos de controle que não mudam e há variáveis introduzidas para criar diferentes resultados.

O mesmo se aplica às suas interações com os outros. **Algumas partes de sua vida serão constantes e outras mudarão, levando-o a novas direções.** Seja sobre negócios, esportes, famílias ou outros tipos de relacionamento, é assim que será. Adicionar ou remover variáveis e pessoas mudará a equipe envolvida.

Uma boa equipe produz um efeito multiplicador. Uma ruim queimará seus esforços até que virem cinzas. Uma boa equipe requer ter as peças certas nos lugares certos.

Existem poucos exemplos melhores do que o time de hóquei olímpico masculino dos Estados Unidos em 1980. Apelidado de "Milagre no Gelo", o técnico Herb Brooks criou uma definição para uma boa equipe ao montar um elenco que derrotou os grandes russos e, por fim, conquistou a medalha de ouro.

A vitória era improvável, para dizer o mínimo. "Não procuro pelos melhores jogadores. Procuro pelos jogadores certos", foi uma das falas mais memoráveis proferidas por Kurt Russell, que interpretou Brooks no filme *Desafio no gelo*, alguns anos depois.

Todo mundo adora jogar com uma superestrela em seu time, mas se esse alto nível de talento também atrapalhar e perturbar as interações com o time, será necessário reavaliar se essa peça deve estar ou não em seu time, para começo de conversa.

Uma boa equipe requer confiança, respeito e lealdade uns para com os outros e com a equipe, ao mesmo tempo que buscam objetivos individuais. Uma boa equipe tem tudo a ver com **dividir e conquistar tarefas e multiplicar as comemorações de suas vitórias.** Cooperar e sacrificar a si mesmo pelo bem do todo significa **deixar seu ego de lado por um propósito maior.** Há força nos números e em um propósito comum.

Eclesiastes 4:12 nos diz: *"E, se alguém prevalecer contra um, os dois lhe resistirão; e o cordão de três dobras não se quebra tão depressa."* Compreender as fraquezas individuais e da equipe e, em seguida, tentar trabalhar nessas fraquezas diariamente também é fundamental. **O compromisso com o sucesso a longo prazo é essencial. O talento por si só não o garante.**

No entanto, o talento combinado a esses outros fatores resulta em uma boa equipe, o que cria um efeito multiplicador e produz resultados Além da média.

Excelência Atrai Excelência

Vou simplificar. Quando um multiplicador Além está em jogo…

$$1 + 1 = 3$$

Em seus negócios ou relacionamentos pessoais, ao atrair a pessoa certa que complementa e eleva seu estado natural, a soma dessa parceria será maior do que a soma das partes individuais. Grandes empreendedores e seres humanos capazes entendem isso, e é por isso que procuram pessoas com ideias semelhantes. **A excelência *pode* existir por conta própria. Muitas vezes. Mas as pessoas inteligentes sabem que os melhores resultados não acontecem quando ela existe em uma única pessoa.**

Um estado ideal acontece ao desafiar a excelência. Seja uma força oposta ou uma que se alinha com um propósito singular maior. **A base do casamento é construída nisso. Dois tornam-se um, mas esse "um" é uma união que transcende as duas pessoas antes de se unirem em matrimônio.**

Quantas vezes já ouviu: "Ele torna os jogadores ao seu redor melhores"? Aqueles que são multiplicadores que Vão Além buscam desafios dignos e pessoas que os impulsionem para o próximo nível. Michael Jordan era incrível por conta própria. Mas quando uniu forças com Scottie Pippen, formaram uma monstruosidade do basquete.

Você conhece as conquistas de Steve Jobs na Apple. Talvez possa argumentar que ele estava destinado à grandeza de qualquer maneira, mas não há como diminuir o contrapeso da parceria com Steve Wozniak. Juntos, eles revolucionaram a computação pessoal e construíram uma das empresas mais bem-sucedidas de todos os tempos.

Às vezes um multiplicador Além se revela de uma maneira diferente. Muitas pessoas acreditam que "uma peça a mais" nos anos da dinastia do Chicago Bulls foi o técnico Phil Jackson. O mesmo pode ser dito de Pat Riley, que levou o Los Angeles Lakers a quatro títulos durante a era Showtime.

Não subestime a capacidade de um multiplicador Além de ser também um recrutador eficaz. Talentos de alto nível querem trabalhar e ser desafiados por outros talentos de alto nível. **Eles gostam da competitividade e camaradagem que estar próximo de seus iguais gera.** Entendem também como resultados descomunais são possíveis quando forças de alto nível são combinadas para criar uma visão unificada.

Seu Nome é Thomas Edward Patrick Brady Jr.

Você o conhece como Tom Brady.

Milhares de páginas sobre ele foram escritas, e não há muito que eu possa acrescentar aos seus lendários sucessos. O que posso fazer é mostrar como até mesmo Tom Brady pode passar de peça central em um time para um multiplicador Além em outro.

Em 2020, Tom Brady se tornou o multiplicador Além do Tampa Bay Buccaneers. Com ele no comando, a equipe passou de uma temporada de derrotas no ano anterior para uma vitória no Super Bowl em 2021. **Talvez tenha dificuldade em pensar em Tom Brady como uma peça extra em qualquer coisa.** Ele foi a essência da dinastia do New England Patriots por vinte temporadas, acumulando dezesseis títulos de divisão e seis vitórias no Super Bowl.

Ainda assim, no futebol americano, como tudo na vida, existe um prazo de validade. A maioria dos caras penduraria as chuteiras depois de uma carreira dessas. Mas a maioria deles não é o Tom Brady. No contexto da pandemia de Covid-19, quando os Estados Unidos pediam por heróis, ele se tornou mais uma Cinderela. Garantiu seu lugar na história do futebol americano como o maior jogador de todos os tempos.

Brady e o Tampa Bay Buccaneers levantaram algumas sobrancelhas quando ele foi contratado por dois anos por US$50 milhões. A equipe terminou 2019 com um recorde decepcionante de 7–9. A administração sentiu que tinha uma base excelente, e contratar Brady foi um risco calculado que trouxe o imediatismo aos seus esforços. Acontece que, na verdade, conseguiram uma pechincha.

Brady trouxe consigo uma mentalidade lutadora que elevou os companheiros de equipe a jogar o melhor futebol americano de suas carreiras. A vontade de vencer mudou completamente com Brady ali. Ele se tornou o multiplicador Além definitivo.

Como tem feito ao longo de sua carreira, **Brady também deixou claro o que esperava de seus colegas.** Ele tem sido consistente em sua crença de que "você não pode treinar de forma mediana na quarta e na quinta, bem na sexta e depois esperar ser ótimo no domingo". O palco estava montado. Como os multiplicadores costumam fazer, ele recrutou uma tonelada de jogadores talentosos que queriam jogar no time de Tom Brady.

Preste atenção nisso: multiplicadores Além atraem multiplicadores Além.

Pouco depois de assinar com Brady, os Bucs adicionaram Leonard Fournette como running back. Negociaram com os Patriots por Rob Gronkowski. E contrataram Antonio Brown como agente no final da temporada. No processo, a equipe mudou de ritmo e terminou com 11-5 na temporada regular.

"Para mim, o futebol tem muito a ver com resistência mental. É ir além, fazer o que for preciso para ajudar um time a vencer, o que pode assumir vários formatos e formas", disse Brady, mais no início da sua carreira. E foi exatamente o que fez na temporada de 2020.

Talvez não seja a primeira coisa que lhe venha à mente, mas uma das maneiras de fazer o que for preciso é a capacidade de um multiplicador Além atrair talentos altamente qualificados, o que é fundamental na construção de uma equipe campeã. Por que isso foi tão importante nesse caso? Porque, além de um gol de campo de Ryan Succop, Brady e todos os outros contratados, juntos, foram responsáveis por todas as pontuações na vitória do Bucs com 31-9 no Super Bowl.

Veja como foi impressionante a vitória de Brady. Ele se tornou o primeiro atleta profissional dos quatro principais esportes norte-americanos a vencer um campeonato com duas equipes diferentes após completar 40 anos. Também se tornou o primeiro jogador na história da NFL a derrotar três ex-MVPs do Super Bowl na mesma pós-temporada, derrotando Drew Brees do Saints, Aaron Rodgers dos Packers e Patrick Mahomes dos Chiefs. Brady ultrapassou todos eles!

Tom Brady define o padrão de um multiplicador Além, ao trazer equanimidade e uma ética de trabalho incomparável, inteligência e uma expectativa rigorosa dos outros. Ele foi citado milhares de vezes ao longo de sua carreira. Na minha opinião, a única citação que resume quem é Tom Brady e o que ele traz ao time é o que ele disse quando foi questionado sobre qual anel do Super Bowl era seu favorito.

Tom simplesmente respondeu: "O *próximo*."

Adicione o Tipo Certo de Multiplicador Além

Embora inegavelmente talentoso, seria um completo desperdício ter dois Peyton Mannings em um time. Manning precisava de receptores igualmente talentosos para pegar seus passes. Sem receptores qualificados como Marvin Harrison, as realizações de Manning ainda seriam consideráveis. Mas seriam lendárias?

Por sua parte, Harrison não se saiu tão mal jogando com Manning. O octacampeão terminou sua carreira com mais de 14 mil jardas (12.800 metros) recebidas. Suas 1.102 recepções ficam atrás apenas de Jerry Rice como o maior número de todos os tempos. Desses, 971 foram recepções de Manning. Juntos, eles possuem todos os recordes importantes de zagueiro e recebedor. Isso inclui o maior número de touchdowns, conclusões e jardas.

Adicionar o tipo certo de peça extra cria um efeito multiplicador. Essa sinergia geralmente desafia a descrição. Duas pessoas, ou um time de várias pessoas, com critérios e objetivos em sintonia, vão além e derrotam times mais talentosos que não possuem a mesma dinâmica.

Trabalhe com Multiplicadores Além

A peça extra de um quebra-cabeça nos negócios, nos esportes ou em qualquer esforço de equipe muda o nível de energia, as interações e os resultados de todas as maneiras. **Há um efeito cascata quando as pessoas aceitam a liderança que um multiplicador Além traz para uma equipe.** Se você gerenciar essa equipe e adicionar um multiplicador Além, terá mais sucesso se seguir algumas regras relacionadas ao seu multiplicador:

- **Explique toda a questão.** Eles respeitam a clareza e muitas vezes podem contribuir para áreas fora de suas responsabilidades principais. Fazer isso também os torna melhores companheiros de equipe por natureza, pois deixam de se interessar apenas por realizações pessoais impulsionadas pelo ego.

- **Permita que contribuam.** Os multiplicadores são líderes naturais, mesmo que normalmente sejam reservados e quietos. Suas realizações cativam os outros. Tom Peters diz: *"Líderes não criam seguidores. Criam mais líderes."* Quando muitas partes da equipe assumem responsabilidades de liderança, isso alivia a carga individual. Desenvolve-se o respeito. Os outros ouvirão a contribuição de um multiplicador e confiarão no seu histórico para produzir mais resultados positivos contínuos.

- **Crie a possibilidade de autonomia.** Ele permanecerá mais engajado e produtivo quando puder tomar decisões de forma independente quando possível. Não os microgerencie. Delegue sempre que possível. Se a oportunidade surgir, considere pedir ao seu astro para orientar outras pessoas a fim de desenvolver tanto o astro quanto o pupilo.

- **Remova os obstáculos e deixe seus astros brilharem.** Você tem um supervendedor que gasta muito tempo monitorando a papelada e enviando relatórios estúpidos? Colocaria seu astro de TI em um comitê de política de Recursos

Humanos? Os contadores costumam ser bons profissionais de marketing? Coloque seus multiplicadores nas posições em que serão mais felizes e produtivos. *E depois não os incomode.*

- **Desafie-os de maneira rigorosa.** Isso nem sempre parte dos companheiros de equipe. Frequentemente, um treinador desafiará um multiplicador a competir contra si mesmo. Se a média de rebatidas foi de 0,300 no ano passado, como atingir 0,325 este ano? Se faturou US$2 milhões em vendas no ano passado, como chegar a US$2,5 milhões este ano? Multiplicadores prosperam em competições. Dê a eles as ferramentas necessárias e observe-os trabalhar.

- **Como líder, deixe seu ego da porta para fora.** Coloque as necessidades da equipe em primeiro lugar e crie estratégias de como um multiplicador pode contribuir de maneira mais eficaz e impactar um esforço geral.

- **Escute e receba feedback.** Reconheça a diferença entre desculpas e problemas legítimos que atrapalham sua equipe.

- Acima de tudo, **aprenda a ceder e a liderar no momento certo.** Use intervalos, e-mails e lembretes, reuniões de vendas, discussões do tipo "precisamos conversar" e outros esforços de comunicação com moderação para obter o efeito máximo.

Unir forças com um multiplicador Além é uma proposta desafiadora e empolgante. É impossível sentar e ser passivo depois disso. Os multiplicadores não toleram tal comportamento.

Faça o seu melhor. Você vai precisar. E garanto que o esforço valerá a pena.

Uma Inconveniência Além

A *verdadeira medida de um homem não se vê na forma como ele se comporta em momentos de conforto e conveniência, mas em como se mantém em tempos de controvérsia e desafio.*
— Dr. Martin Luther King Jr.

ESTE É UM FATO SIMPLES, MAS CONVINCENTE, SOBRE A MANEIRA COMO O MUNDO FUNCIONA.

Conveniência e excelência não podem coexistir. São forças completamente opostas. Se conseguir aceitar que muitas das conquistas que você deseja na vida serão inconvenientes do começo ao fim, estará no caminho certo para se tornar um pensador que Vai Além.

Inconveniências são os desafios a serem superados para que você possa ter uma chance de realizar algo significativo. Elas podem ser qualquer coisa, desde levantar às 5 da manhã para fazer uma reunião às 7h com seu orientador de mestrado ou correr 120 quilômetros por semana para se preparar para sua primeira maratona, mesmo que seus pés gritem ao menor toque no chão porque estão cobertos de bolhas. Talvez seja passar por quatro meses de enjoos matinais antes de dar à luz. Ou dedicar 60 horas por semana para ser o melhor vendedor da sua empresa.

Pagar o preço da inconveniência não é garantia de sucesso. Mas se esse incômodo não existir e você não enfrentar as coisas difíceis que surgirem, não terá chance de chegar aonde deseja na vida.

Aceite a Inconveniência como um Estilo de Vida

Pense nas coisas mais extraordinárias com as quais foi abençoado em sua vida. Provavelmente, elas começaram como algo inconveniente. Uma vitória em um campeonato. Ganhar 10 quilos de músculo enquanto perdia 50% de gordura corporal. Ganhar um aumento ou uma promoção no trabalho. Você sacrificou algumas partes de sua vida para alcançá-las. Mesmo que tenha feito isso de bom grado, esses sacrifícios vieram acompanhados de certo grau de inconveniência.

No entanto, por outro lado, junto das realizações incríveis estão as memórias, eventos, relacionamentos e posses mais excepcionais de sua vida. É por isso que, por mais incomum que pareça, **se deseja uma existência gratificante e feliz, deverá aceitar a inconveniência como um estilo de vida.**

Deixe-me fazer esta pergunta: se você tem uma lista diária ou semanal de "coisas a fazer", como decide cumpri-la?

Muitas vezes, para sentirmos que estamos completando algo, fazemos aquilo que parece fácil primeiro. Isso porque, em geral, fazê-lo é recomendado e, em alguns casos, celebrado. Comemore se quiser. Mas só estará comemorando a mediocridade e a trivialidade.

E se você decidisse viver o seu dia fazendo as coisas mais difíceis e inconvenientes? Não "as coisas mais importantes primeiro" ou "as partes mais temidas primeiro". **Comece fazendo as coisas difíceis e inconvenientes primeiro.** Fazer coisas difíceis constrói o caráter. Isso separa você dos outros. Ao fazer algo difícil, desafiador e inconveniente, logo perceberá que seus maiores, melhores e mais incríveis sonhos estão do outro lado das colinas mais altas que precisará escalar.

Mas a mentalidade correta não é colocar pressão sobre si mesmo para fazer coisas inconvenientes. É necessário gostar de fazê-las. Garanto que você será uma pessoa muito mais feliz no fim. **A satisfação e a autoestima resultam da realização de tarefas inconvenientes.**

Mas, em vez de aceitar o inconveniente, a maioria de nós o evita. Infelizmente, como consequência, nunca percebemos totalmente do que somos capazes ou qual é a nossa melhor versão.

A Relação entre Inconveniência e Controvérsia

Ao decidir fazer algo grande com sua vida, prepare-se. **Você será considerado polêmico. A controvérsia é inconveniente. A inconveniência causa alertas.**

Seguir o ritmo, descansar e relaxar significa que você nunca precisará aguentar dificuldades. Nunca ficará desconfortável. Nunca se incomodará. Mas também nunca fará nada grandioso.

Se você é um líder de qualquer tipo, seja um CEO, capitão de um time ou até mesmo o líder de sua família, **desafie seus subordinados a fazerem o desconfortável e o inconveniente também**. É a única maneira de alcançar a excelência. Como líder, isso faz parte de sua responsabilidade.

Grandes líderes geralmente são grandes mentores. Oriente as pessoas e faça com que elas se tornem pensadoras que Vão Além, que enfrentam inconveniências e passam pelo crescimento pessoal e profissional. Crie uma cultura em sua empresa, time ou família de fazerem coisas desconhecidas, exigentes e inconvenientes. Ao ser diligente nessa área, os resultados coletivos serão impressionantes.

Agora pegue essas realizações de curto prazo e aplique a variável de tempo. **Pense nas possibilidades acumuladas depois de um mês, um ano ou uma década de superação de inconveniências.** Se construir tal hábito em sua vida ao longo do tempo, consegue imaginar como sua vida será incrível?

A Relação Entre Inconveniência e Excelência

Seus maiores sonhos nunca se materializarão se gravitar em torno da conveniência. Conveniência e riqueza não coexistem. Seu relacionamento ideal nunca nasce por meio dela. Se você deseja ficar rico, o caminho para uma conta bancária maior será incrivelmente desafiador e nada conveniente. **Ao viver uma vida conveniente, estará em desacordo com uma vida excelente.** Se alguma coisa surgiu de uma maneira particularmente fácil, você até poderá gostar do resultado, mas não poderá saboreá-lo tanto quanto algo pelo qual precisou batalhar para conseguir.

Nossa mente não foi programada apenas para buscar conforto e conveniência. No caso de muitos de nós, também fomos programados para aliviar o acelerador quando concluímos que chegamos aonde queremos estar em certa área da nossa vida. Muitas vezes, convencemo-nos de que queremos apenas os melhores resultados e até tentamos projetar uma vida que parece estar direcionada a um nível superior. Mas, na realidade, **muitas vezes criamos processos para evitar transtornos**

e problemas. Ao fazer isso, direcionamo-nos para uma vida que já existe.

Para justificar ainda mais nossos esforços, até recrutamos outras pessoas para confirmar que estamos no caminho certo. Essas pessoas muitas vezes conspiram conosco para o nosso autoengano. Não se culpe caso você se identifique com isso. Em geral, isso costuma acontecer com muitas pessoas. Também nos comparamos com outros em vez de nos basearmos em nossos próprios valores e capacidades. **Imitação é um ato de conveniência.** Ao nos tornarmos líderes de nossas próprias vidas, não copiamos ninguém. Reconhecemos que nossa jornada é somente nossa. Não é errado usar fontes de inspiração e conhecimento. Na verdade, isso é essencial.

No entanto, esteja atento o suficiente para saber onde estabelecer limites. Descubra como escolher as informações certas e usá-las para sua vantagem máxima. Isso não quer dizer que não deva tornar sua vida mais conveniente. Mas é necessário entender o papel que a conveniência desempenha no alcance dos seus objetivos mais complicados e na definição de critérios elevados. **Isso exige lutar contra hábitos preexistentes que trabalham em prol da conveniência e substituí-los por aqueles que são voltados a resultados.** Esses resultados são o produto final de pensar no que você valoriza, aplicar um critério que se alinhe a esses valores e produzir um resultado que o levará a uma vida mais notável e autêntica.

O autor best-seller Haruki Murakami colocou isso da melhor maneira ao dizer: "*Seu trabalho deve ser um ato de amor, não um casamento de conveniência.*" Se você estiver interessado apenas em alcançar um nível de conveniência, conseguirá muito menos do que se fizesse o que fosse necessário ao estar comprometido com um nível mais alto de excelência.

Por Que a Inconveniência É Necessária

Se você está passando por algo desafiador, isso pode ser um sinal de algo especial. Talvez algo único ou que só acontece uma vez na vida. **Entenda que há uma diferença significativa entre inconveniência e problemas.**

Robert Fulghum, autor best-seller de livros como *Tudo que eu devia saber na vida aprendi no jardim-de-infância (sic)*, explicou isso desta forma: "*A vida é encaroçada. E um caroço na farinha de aveia, um caroço na garganta e um caroço no peito não são o mesmo caroço. Deve-se aprender a diferença.*"

Aprenda a reconhecer a diferença entre um problema e uma inconveniência. Depois de fazer isso, eis por que ela é necessária em sua vida: pergunte a qualquer multimilionário se enriquecer era conveniente. Talvez tenham gostado do desafio, mas também dirão que foi uma das jornadas mais inconvenientes de sua vida.

Se você acha que é fácil estar sozinho no escritório enquanto todo mundo está festejando na sexta à noite...

Ou está no prejuízo, mesmo trabalhando duro para tentar vender seu sonho a qualquer um que ouvir...

Ou está cansado da tarefa assustadora de revirar cada pedra em busca de clientes novos e em potencial...

...então você nunca enfrentou as lutas e desafios necessários para se tornar rico como eu fiz durante anos.

Esta é outra coisa com a qual todos nós podemos nos identificar: qual será a resposta se perguntar a alguém quão conveniente foi perder 30, 35, 40 quilos ou mais? Muitas pessoas continuam gordas por uma razão. Todos nós sabemos que a gordura é desconfortável. Mas, para muitos, perder peso é um desafio desconfortável, apesar dos benefícios óbvios. Você acha que é inconveniente levantar e ir para a academia naqueles dias que está dolorido e seus músculos doem porque nunca treinou assim antes? Que tal preparar toda a sua comida com antecedência ou lutar contra o desejo pela comida que ama, mas que faz mal? Os vícios em besteiras nem sempre recebem a atenção que merecem, mas muitos de nós não temos chance contra a velocidade, a conveniência e as tentações de sabor que um Whopper ou um Big Mac oferece. Mesmo o simples ato de beber 3 litros de água por dia quando está viciado em refrigerantes parece inconveniente.

O ponto é: a inconveniência é um desafio.

A inconveniência não é fácil. Mas, a longo prazo, a conveniência é muito pior.

E outra coisa.

A conveniência nunca dura. Se você não se esforçar, mais cedo ou mais tarde, o que possui acabará. Talvez o tirem de você. Seu comportamento desinspirado e opaco pode fazê-lo perder tudo. **Ou o destino simplesmente dirá "basta", e os poderes do universo o colocarão em um conjunto diferente de circunstâncias. Elas raramente são melhores.**

Os pensadores que Vão Além fazem coisas difíceis e inconvenientes porque entendem o que isso significa. **Enfrentam-nas com senso de urgência.** A vida se torna mais significativa ao perceber que, após viver um momento, ele se foi para sempre. Nunca poderá recuperá-lo. E **perder tempo é um dos maiores crimes que pode cometer contra si mesmo.**

Procure Relacionamentos Inconvenientes

Não é possível navegar neste mundo sozinho. O que você procura em um relacionamento? Confiança? Respeito? Empatia? Honestidade? Bons relacionamentos são construídos sobre muitos pilares fundamentais. Mas aposto que nunca pensou nesses pilares como uma inconveniência. O fato é que **amizades e relacionamentos amorosos construídos por conveniência não possuem qualidade**. Os melhores relacionamentos significam não estar ao seu lado apenas quando lhe é conveniente. É sobre estar lá quando não for.

Quando estiver com problemas...

Quando precisar de ajuda...

As pessoas próximas a você se reunirão ao seu redor e estarão dispostas a sacrificar alguma parte de seu ser, mesmo que isso seja inconveniente. Talvez precise de dinheiro. Ou de um ombro para chorar. Talvez seu carro tenha quebrado e precise de uma carona para ir e voltar do trabalho por uma semana. Ou algo tão simples quanto ser um bom ouvinte. **Reconheça a diferença entre alguém que conversa com você quando tem tempo livre e alguém que cria tempo para conversar com você.**

Viu a diferença?

Com o tempo, as relações de conveniência se revelarão de diversas maneiras. **Mas basta um único ato para nos revelarmos durante os momentos de inconveniência que mais importam.** Bons amigos e amantes contam verdades inconvenientes, não para prejudicá-lo, mas para ajudá-lo. Em vez de ficar com raiva, seja grato. **Trate a verdade como ouro, mesmo que ela doa.**

Suportar um sacrifício quando algo não o afeta diretamente é inconveniente. É também a marca registrada do tipo de pessoa necessária em sua vida. O sacrifício vai além da conveniência. Responder à inconveniência de outra pessoa constrói pontes que podem durar a vida toda. **O mesmo se aplica ao seu relacionamento com o seu Deus. A fé construída na conveniência nada mais é do que uma fé vazia.** Você nunca desfrutará de um relacionamento próximo e espiritual com seu Deus até pedir ajuda quando não for conveniente. Busque relacionamentos que possam suportar os rigores da vida e as inconveniências com as quais ambos os lados precisarão de ajuda ao longo do tempo.

Você deseja a conveniência? É melhor deixar para uma ida a um fast-food para comprar um hambúrguer. Escolha pessoas que estejam contentes e dispostas a aceitar as consequências da inconveniência para estar em sua vida. **Isso será um reflexo direto de caráter e do nível de respeito delas por você.**

Escolha o Tipo Certo de Inconveniência

Pergunte-se:

- Que tipo de vida quero levar?
- Quem são as pessoas que quero na minha vida?
- Quais são meus critérios para atingir as metas que tenho?

Você obterá as respostas que deseja vivendo uma vida conveniente? Vou lhe poupar o trabalho de ter que pensar sobre isso. A resposta é um grande e belo...

NÃO!

Ao obter essas respostas, estará no caminho certo para entender quanto e que tipo de inconveniência você tolerará em sua vida. Como saberá se essas respostas são verdade ou não?

Simples.

As melhores e mais produtivas pessoas do mundo buscam coisas inconvenientes e lidam com elas com um temperamento de equanimidade. A equanimidade é a chave. Ao alcançar a calma mental, a compostura e o controle, especialmente em uma situação difícil, saberá que encontrou o tipo certo de inconveniência.

Ela é a consequência direta da quantidade de comprometimento que você tem. Como explica o lendário motivador Ken Blanchard:

"Há uma diferença entre interesse e comprometimento. Quando você está interessado em fazer algo, só o faz quando é conveniente. Quando está comprometido, não aceita desculpas, apenas resultados."

Ao aceitar apenas resultados, você estará praticando uma forma de equanimidade. Aceitará apenas um resultado, e as distrações e um nível menor de desempenho serão eliminados. Sentirá calma e será comedido porque seu caminho estará definido.

A equanimidade é essencial quando faz coisas inconvenientes. Sem ela, você acabará se esgotando. **Não é possível sustentar esforços inconvenientes e elevar-se, a menos que aborde a vida com a mentalidade certa.** Embora a equanimidade seja essencial, ela também pode ser demais de uma coisa boa.

Algumas pessoas são realmente calmas. Calmas demais. Isso significa equanimidade demais em sua vida. Mas nunca tentam nada difícil. Isso cria uma falsa sensação de equanimidade. Para ter sucesso, você deve combiná-la à inconveniência. A equanimidade é uma forma de controle emocional baseada em seus pensamentos. As inconveniências são baseadas em ações.

Não é fácil. Eu tenho lutado com isso ao longo dos anos. Tenho sido muito bom em fazer coisas difíceis, mas nem sempre com a equanimidade necessária. Consegui, mas com mais caos e estresse do que o necessário. E não estou sozinho. Muitos megaempreendedores fazem coisas inconvenientes todos os dias. Mas não estão felizes.

Para essas pessoas, eu digo o seguinte: **se não puder aproveitar as belas dádivas concedidas a você com equanimidade, não estará vivendo sua melhor vida.**

A inconveniência é essencial, mas certifique-se de praticá-la da maneira certa para obter os melhores resultados possíveis em sua vida.

Defina Sua Liderança
para Ir Além

O CONCEITO DE LIDERANÇA É TÃO VELHO QUANTO A PRÓPRIA CIVILIZAÇÃO, e duvido que haja um tópico de desenvolvimento pessoal que tenha sido mais estudado ou escrito do que esse.

Então, o que significa ser um líder que Vai Além?

Na minha definição, um líder que Vai Além é aquele que ajuda as pessoas a fazerem coisas que não conseguiriam fazer sem a presença dele. Se não puder fazer isso como líder, não há necessidade de que esteja ali.

Quer queira, quer não, **você já é um líder**. No mínimo, lidera a si mesmo. Talvez lidere sua família, funcionários, companheiros de equipe, ao praticar sua doutrina religiosa e de várias outras maneiras.

Para o nosso propósito, a pergunta então se torna: "Como posso usar o conceito de Ir Além para liderar melhor outras pessoas?"

Há quem defenda que algumas pessoas nascem líderes. Pode até ser assim, mas também acredito firmemente que a **liderança é uma característica aprendida**. Todo mundo tem o necessário dentro de si para ser um líder eficaz se decidir desenvolver tal habilidade.

Para fazer isso, examine de perto quais são os elementos da liderança.

Os Elementos da Liderança

Tive a honra de liderar minha família, times esportivos, vários negócios, além de ser líder em vários outros campos da minha vida.

O que estou prestes a compartilhar são elementos universais de liderança que transcendem quem você é ou onde está na vida, seja você um atleta, um treinador, um pai ou um líder empresarial. Esses elementos incluem:

- visualizar um grande sonho;
- todos nascem com dons únicos;
- as seis necessidades humanas básicas.

Visualizar um Grande Sonho

Como líder, é fundamental que você tenha um grande sonho. Deixe-me explicar melhor esse conceito poderoso.

É necessário visualizar um sonho grande o suficiente para que os sonhos de todos liderados por você caibam dentro dele.

Por exemplo, se você fosse o técnico de futebol americano Dabo Sweeney do Clemson, poderia visualizar que, não apenas todos cabem dentro do sonho; ele também será histórico — lembrado para sempre. Isso pode significar não ser derrotado, um número recorde de jogadores convocados para a NFL ou estabelecer outras marcas de desempenho que não foram alcançadas antes.

Dar às pessoas a sensação de que estão envolvidas em algo histórico é um passo fundamental na construção de uma cultura. Ela significa que cada jogador individual e todos ligados à equipe estão envolvidos em algo grande.

Um sonho muito maior do que poderiam imaginar sozinhos.

Outro elemento crítico é que, ao trabalhar com as pessoas que lidera, **ajude-as a entender que, ao fazer história, também estarão fazendo a diferença na vida delas mesmas e de muitas outras pessoas.**

Pense grande.

Atreva-se a se desafiar a fazer história.

Fale mais alto.

Convença a todos que o grande sonho faz a diferença.

Aja.

Faça o trabalho duro envolvido nessa visão e deixe seu pessoal vê-lo fazer isso.

Entende o que quero dizer?

A liderança consiste em executar muito bem as pequenas coisas, mas pensar e falar repetidamente sobre o grande. **Sua prioridade número um é visualizar um grande sonho,** provavelmente maior do que o que está pensando agora. Ele deve ser abrangente!

Como pai, visualize um sonho grande o suficiente para que seu cônjuge e filhos possam se ver dentro dele.

Se lidera uma igreja, seu sonho deve ser grande o suficiente para que todos os membros da congregação possam encaixar seus próprios sonhos e aspirações dentro dele.

Como líder empresarial, o sonho deve ser grande o suficiente para que cada funcionário também possa se ver dentro dele. Se você administra uma grande empresa de manufatura, convença a todos que seu sonho é grande o suficiente para atender às necessidades de seus clientes e pode satisfazer a todos que lidera nessa empresa.

Há pouquíssimos líderes no mundo hoje que sonham grande o suficiente. Mostre-me um grande líder e lhe mostrarei alguém que visualiza algo que conquista os corações, desejos e emoções de todos que lidera.

O sonho que convence a todos como líder de família ou líder de negócios deve abranger seus valores e visão. Ele deve ser aquilo que você representa, sua visão do futuro e a diferença que fará no mundo.

Por que isso é tão importante?

Como líder, você está em um lugar diferente de todos os outros. Como líder, por definição, você está na frente. Detém de um ponto de vista e uma perspectiva diferente das pessoas que estão atrás. Seu trabalho é dizer a essas pessoas o que você vê.

Diga a essas pessoas como tudo será incrível e repita isso diversas vezes. Em sua posição, realizar isso de forma eficaz é o mínimo que pode fazer. De onde estão, elas não são capazes de ver aquilo que você vê. Portanto, faça com que elas enxerguem as coisas a partir do seu ponto de vista.

Este é outro ponto crítico:

As pessoas que você lidera não precisam acreditar nas suas palavras!

Não é loucura?

Elas apenas precisam acreditar que VOCÊ acredita nas suas próprias palavras.

Diversos líderes tentam constantemente fazer as pessoas acreditarem naquilo que dizem. Isso soa desesperado e fraco. Grandes líderes só precisam convencer aos outros que eles acreditam no que prometem.

Isso é uma forma de evangelização que abordarei mais adiante.

Todos Nascem com Dons Únicos

Cada pessoa nasce com talentos e genialidades individuais. Eu os chamo de dons únicos.

Nascemos com alguns deles e desenvolvemos outros. Como líder, **ao identificar esses dons únicos nas pessoas, poderá liderá-las de uma forma que ninguém mais consegue.** Você se definirá como líder quando for capaz de fazer isso.

Esses dons podem ser humor, intelecto, resiliência, fé ou bondade. Alguém que você lidera pode ser abençoado com resistência mental, honestidade, ambição, criatividade, generosidade, lealdade etc. Os diferentes tipos de dons únicos são ilimitados. **Essa capacidade de identificá-los e, em seguida, vinculá-los ao seu sonho é fundamental em seu esforço para liderar as pessoas sob seu comando.**

A outra coisa que descobri é que, na maioria das vezes, ninguém nunca apontou isso neles. **Normalmente, as pessoas têm um senso inato de seus dons únicos, mas, em muitos casos, são subutilizados porque não houve um esforço para descobrir qual seria a melhor forma de aplicá-los.** A maioria das pessoas nunca conhece um verdadeiro líder em sua vida e, como resultado, nunca atinge seu verdadeiro potencial para explorá-los.

Para atingir o potencial de uma pessoa, identifique quais são seus dons e, em seguida, aplique-nos a uma causa que mexa com seus corações. Esse é o seu trabalho como líder.

Ao validar esses dons, o que uma pessoa suspeita sobre si mesma passa a se tornar verdade. Ela ganha confiança e mune-se de uma compreensão de como se encaixa no plano geral. Como resultado, agregará mais valor ao sonho e realizará mais do que jamais imaginou ser possível por conta própria.

As Seis Necessidades Humanas Básicas

Considere as palavras de meu amigo Tony Robbins: "*Quanto mais você entender o que alguém quer, precisa e teme, mais descobrirá como agregar valor.*"

Tony e eu estamos entre muitos que concordam com a ideia de que existem seis necessidades humanas básicas. Elas são:

- Certeza
- Incerteza e Variação
- Significação
- Amor e Conexão
- Crescimento
- Contribuição

Elas são normalmente discutidas em termos de encontrar o seu nível de felicidade. Mas quero colocá-los no contexto de como aproveitar essas seis necessidades básicas ao liderar outras pessoas. Seu objetivo também é descobrir como atender às necessidades das pessoas que lidera.

Idealmente, todos querem se certificar de que essas seis necessidades básicas sejam satisfeitas o tempo todo. Na realidade, a maioria tende a se concentrar em duas ou três mais importantes em determinado momento.

Vamos examinar mais de perto cada uma delas.

- **Certeza.** As pessoas que desejam certeza em sua vida querem ser asseguradas de que você lhes fornecerá um ambiente estável. **Elas valorizam a segurança e uma rotina contínua.** Temem a mudança e muitas vezes a comparam com algum tipo de processo desconfortável, intimidador ou doloroso.

  Suponha que você venha a liderar alguém cuja principal necessidade básica é a certeza. Nesse caso, falará com ele de maneira diferente de como falaria com alguém que valoriza mais as outras necessidades básicas, como a significação.

  Imagine que você seja capaz de visualizar um grande sonho, identificar os dons dessa pessoa e determinar quais são suas necessidades básicas mais importantes. Consegue imaginar como essa pessoa será produtiva e feliz ao valorizar a certeza e receber isso?

- **Incerteza e Variação.** Aqueles que prosperam na incerteza e na variação **são estimulados pelo desconhecido e pela mudança.** Eles temem ficar presos em uma rotina ou fazer a mesma tarefa todos os dias. Desejam tarefas novas, emocionantes e diferentes sempre que possível.

  Ao liderar essas pessoas, você precisará promover o sonho, identificar os dons dessas pessoas e, então, colocá-las em posições que lhes deem o tipo de variação que desejam.

- **Significação.** Quando as pessoas buscam significação, **elas querem saber que seus esforços são valorizados e importantes.** Desejam reconhecimento e, muitas vezes, isso é mais importante que dinheiro. Gostam dos holofotes e trabalharão duro se souberem que uma recompensa de alto nível está associada a seus esforços.

  Ao liderar pessoas motivadas pela significação, você deverá **demonstrar reconhecimento em todas as oportunidades possíveis.**

  Por exemplo, se treina um time, cabe a você criar uma cultura que promova significação para os jogadores. Se for pai ou mãe, cabe a você se certificar de elogiar seus filhos que valorizam a significação e o reconhecimento. Suponhamos que você seja um líder de negócios e tenha pessoas em sua organização que são competitivas e voltadas a resultados. Nesse caso, cabe a você criar uma estrutura que vincule os dons dessas pessoas às suas principais necessidades de reconhecimento.

- **Amor e Conexão.** O amor é a mais forte de todas as emoções. **Existe uma necessidade universal em sentir uma conexão e proximidade com uma pessoa ou causa.** As maiores poesias e músicas criadas são sobre o amor. Guerras foram travadas por amor ao país. E se alguma vez duvidar do poder e da universalidade do amor, não precisa procurar por nada maior do que o amor de uma mãe ou de um pai por seus filhos.

  As pessoas movidas pelo amor e pela conexão querem pertencer a uma causa maior do que si mesmas. Seja nos negócios, ao treinar um time ou em qualquer outra situação em que você lidere um grupo de pessoas com muitos membros movidos pelo amor, diga-lhes que eles são parte de uma família.

Faça com que essas pessoas se sintam aceitas, queridas e amadas. Diga-lhes isso com frequência.

Imagine-se liderando uma ou mais pessoas movidas por amor, mas enviando sinais de significação ou variação a elas. Esses são ótimos sinais, mas aplicados às pessoas erradas.

Além disso, **as mensagens não devem dizer respeito às suas necessidades**. Isso se aplica a todos os casos, mas, por exemplo, mesmo que você valorize a certeza ou a significação, não dê esses sinais às pessoas que você lidera que valorizam o amor.

Como líder, seus sinais precisam ser personalizados àqueles que lidera.

- **Crescimento.** Alguns valorizam muito o desenvolvimento de sua mente, habilidades e experiência. Satisfaça essa necessidade **apresentando-lhes desafios e dando-lhes uma sensação de crescimento dentro da organização**. Isso os energizará. Ficarão entusiasmados quando precisarem resolver problemas de magnitude e complexidade crescentes.

  Se for um treinador, diga aos seus jogadores que suas habilidades melhoraram. Como líder de negócios, ao liderar alguém que valoriza o crescimento, diga-lhe que toda evolução é devida ao trabalho árduo dele em relação ao sonho e à visão criados por você.

- **Contribuição.** Alguns se sentem motivados pela necessidade de contribuir. Sentem que dão seu melhor ao ajudar outras pessoas por meio de seu serviço ou experiência para apoiar uma causa ou um objetivo. Essas pessoas não se motivam com significação ou reconhecimento. Talvez nem sequer se importem de uma forma ou de outra com certeza ou incerteza.

Para se sentirem valorizadas e realizadas, **elas precisam saber que contribuem e fazem a diferença**. Envie sinais sobre isso regularmente.

As Necessidades Básicas Podem Mudar ao Longo do Tempo

Como um grande líder, entenda também que as necessidades de cada pessoa podem mudar com o tempo. Quando eu era mais jovem, para dar o meu máximo, precisava vincular competição, reconhecimento e crescimento ao que precisava fazer.

Ao longo da minha vida adulta, recebi bastante significação e reconhecimento. Também fui abençoado com muita certeza, variação e amor. No entanto, com o tempo, minhas necessidades evoluíram. E agora, se você me liderasse, precisaria se conectar comigo por meio da necessidade primária de contribuição.

Esse não era o caso há quinze anos. Se quisesse me convencer a falar com seu grupo, sabe como me convenceria? Bastaria que dissesse que milhares de pessoas me amariam, ovacionariam, bateriam palmas, pulariam para cima e para baixo e diriam que fiz um trabalho incrível ao fim, pois eu estava voltado à significação e ao reconhecimento.

Mas, ao usar essas razões como forma de tentar me convencer a falar para o seu grupo hoje em dia, isso não me estimularia, e eu provavelmente recusaria. Mas se você entrar em contato comigo e me disser que falar para o seu grupo fará uma grande diferença na vida deles, mudaria o rumo da sua empresa e seria uma grande contribuição, então ficarei cativado.

Você vê a diferença de como uma mensagem diferente em um momento diferente me faria agir?

Minha necessidade básica no momento é a contribuição. **É a razão pela qual escrevi este livro.**

Não fiz isso para que milhões de pessoas reconheçam meu trabalho, embora isso seria bom. **Eu o escrevi porque acredito que ele ajudará milhões de pessoas a mudar de vida. Quero ajudá-las ao orientá-las a satisfazer suas necessidades básicas mais importantes. Ao fazer isso, também satisfaço as minhas.**

Para se tornar um grande líder, concentre-se menos em quem você é e mais nas pessoas que lidera. Elas são as pessoas a quem você pede para produzirem os resultados de sua missão. **Quando elas são eficazes porque suas necessidades são satisfeitas, as suas também são satisfeitas por tabela.** E todos no grupo se beneficiam.

Isso é verdade, seja você um pai, um treinador de um time esportivo, um pequeno empresário ou o CEO de uma empresa da Fortune 500.

Valide Sua Liderança, Seja um Exemplo

Lembre-se disso... **a maioria das coisas na vida são aprendidas, não ensinadas.**

A maioria das pessoas aprenderá muito mais na vida ao observar o que você faz do que pelas próprias ações ao serem ensinadas.

Manter um critério superior é essencial ao liderar outras pessoas.

Se o que você exige de outras pessoas não for consistente com o que exige de si mesmo, elas reconhecerão isso rapidamente e você minará seus próprios esforços.

Seu exemplo de liderança começa ao reforçar consistentemente o grande sonho e garantir que todos saibam que fazem parte dele. Além disso, reserve um tempo para descobrir quais são os dons exclusivos de cada um e demonstre disposição para garantir que as necessidades básicas deles serão atendidas.

Mais especificamente, **sempre faça algo Além**. Apareça uma hora antes dos outros no escritório. Faça um contato comercial a mais do que os outros. Prepare-se melhor para apresentações e reuniões.

Lembre-se: todos os olhos estão voltados para você.

Dar um mau exemplo condenará você e seu sonho ao fracasso. Se estiver encontrando dificuldades para se tornar um líder eficaz, o primeiro lugar em que deverá procurar melhorias é em si mesmo. **Não peça aos outros para apresentarem um desempenho de alto nível se não puder pedir isso a si mesmo primeiro.**

Agora que definimos o que é liderança, vejamos como colocar esses elementos em prática.

Meus Onze Princípios de Liderança para Ir Além

*O teste de uma organização não é a genialida-
de. É a sua capacidade de fazer com que pessoas
comuns alcancem desempenhos incomuns.*

— PETER F. DRUCKER

EU DEFINI OS ELEMENTOS DA LIDERANÇA E O QUE É NECESSÁRIO PARA ALGUÉM SER UM LÍDER QUE VAI ALÉM. Para colocar esses elementos em prática, sigo vários princípios de liderança. Ao praticá-los, produzi resultados significativos para mim ao longo dos anos. Da mesma forma, é possível se beneficiar ao incorporá-los ao seu estilo de liderança.

Lembre-se de que, como a **liderança é um processo de aprendizagem que dura a vida toda**, essa lista é dinâmica. À medida que cresço, adiciono e subtraio itens de tempos em tempos.

Estes são os onze princípios de liderança que pratico atualmente.

1. Torne-se um Evangelista

Segundo o dicionário Merriam-Webster, uma das definições de "evangelista" é alguém que fala sobre algo com grande entusiasmo.

Os melhores líderes convencem os outros de sua causa. Eles evangelizam seus próprios sonhos.

Assim como um pastor que guia seu rebanho, **um grande líder preocupa-se com o evangelho na forma de comunhão, discipulado e servitude.** Tive o privilégio de conhecer Steve Wozniak, um dos fundadores da Apple. Como estava curioso, perguntei-lhe quais eram os dons de Steve Jobs. O que o tornou grande? Esperava ouvir que ele era trabalhador, resiliente ou incrivelmente brilhante no sentido intelectual.

Mas não foi isso o que ele me disse.

Ele me disse que **Steve Jobs tinha uma capacidade incrível de convencer os outros do seu sonho,** seu evangelho sobre a Apple, e que isso contagiava toda a empresa.

O evangelismo é a transferência do sonho visualizado àqueles que você lidera, o que projeta uma energia contagiante para o resto do mundo.

Liderar por meio do companheirismo fortalece seu vínculo com seus funcionários, clientes ou familiares.

Discipulado significa transmitir efetivamente suas crenças como líder para quem está sob suas asas.

Servitude na liderança se refere a atender às necessidades básicas dos seus. Isso significa reconhecer seus funcionários por um trabalho bem feito ou mostrar seu amor pelos seus familiares regularmente.

2. Ouça e Observe

É impossível ser um grande líder a menos que observe as circunstâncias e as pessoas que lidera. **Essa capacidade de ouvir e observar o ajudará a identificar os dons e talentos das pessoas ao seu redor.**

Isso não pode ser feito de forma vazia ou aleatória. Seja intencional e preste atenção até nos mínimos detalhes. **Não pense em absorver esses detalhes como uma obrigação. Pense nisso como um investimento.**

Como líder, se você não conseguir desacelerar o suficiente e dedicar alguns minutos a mais para conhecer as especificidades das pessoas que lidera, deixará passar muitas oportunidades e potenciais inexplorados. Uma coisa é ler o currículo de uma pessoa ou ver como ela se comporta em uma entrevista. Outra é **olhar além das medidas formais para entender completamente os dons únicos dela.**

Se você for o técnico principal de um time de futebol, parte do que deve fazer é observar as estatísticas de um jogador e ver o que ele pode realizar em campo. No entanto, entenda também que tipo de presença ele tem no vestiário. Uma força positiva que eleva os outros jogadores? Ele dá tudo de si durante todos os treinos? Fica até tarde e trabalha duro para melhorar as partes que precisam de mais esforço?

Suas ações falam muito sobre que tipo de pessoas deseja para sua equipe e como você as liderará.

3. Líderes Sábios Geram Outros Líderes

Líderes sábios não guardam oportunidades de liderança para si. Em vez disso, procuram ativamente criar e desenvolver outros líderes.

Esse é o principal trabalho de um líder.

Alguns se sentem intimidados em fazer tal trabalho. Sentem-se ameaçados e preferem manter o poder em suas próprias mãos. Mas falham em perceber que, **ao construírem líderes, aliviam sua carga, criam lealdade e fortalecem a equipe como um todo.**

Pense em um pai que ensina seu filho adolescente a dirigir. Quando esse jovem obtém sua carteira, ela dá um grande passo em seu crescimento pessoal. Agora, têm mais liberdade, mais opções e pode ajudar toda a família ao fazer compras no supermercado ou levar os irmãos mais novos para treinos ou jogos. Como resultado, o adolescente fica mais feliz, mais independente e confiante ao enfrentar desafios mais significativos. A dinâmica familiar foi reformulada e os pais puderam recuperar seu próprio tempo para fazer algo produtivo e agradável.

Isso também se aplica às empresas. Na verdade, uma das principais métricas de satisfação no trabalho frequentemente citadas por funcionários é a oportunidade de seguir carreira em uma empresa. Funcionários talentosos geralmente seguem adiante ao sentir que estão estagnados ou não têm a chance de assumir um papel de liderança em uma empresa.

Nos times não é diferente. **Mostre-me um grande time e lhe mostrarei um liderado por grandes jogadores e grandes treinadores.** Pense em todos os campeonatos que LeBron James ou Michael Jordan venceram como jogadores. É claro que os treinadores foram fundamentais para seu sucesso, mas foi a liderança dos jogadores que significou a diferença entre vencer ou não.

4. Ame, Acredite, Cuide e Mostre às Pessoas Como Viver Melhor

Aprendi muitos dos princípios de liderança que uso com um grupo de meninos de 8 a 10 anos.

Pouco depois da faculdade, fui abençoado com a oportunidade de trabalhar no Abrigo para Meninos McKinley como conselheiro de jovens. Mal sabia eu que, quando entrei no Chalé 8, meu mundo inteiro mudaria.

Naquela época, o McKinley era um lar coletivo para meninos órfãos ou molestados, com pais encarcerados ou sem outro adulto que pudesse cuidar deles, seja qual fosse o motivo. Desde o primeiro dia, **tudo o que aqueles meninos queriam de mim era amor, que eu acreditasse, cuidasse e mostrasse a eles como poderiam viver melhor**. E, francamente, não me sentia qualificado para fazer isso na época.

Assim como eu, **muitos de vocês provavelmente não se sentem qualificados agora para ser um líder**. Quando se sentir assim, recorra a este pensamento ao qual costumo fazer referência: "Deus não chama os qualificados, Ele qualifica os chamados." No McKinley, não me sentia qualificado, mas entendi que havia sido convocado para estar lá.

Desde aquela época, um dos segredos da vida que aprendi é que todas as pessoas de todas as idades querem as mesmas coisas que aqueles meninos. Se você é um executivo sênior, quando um executivo de 35 anos entra em seu escritório, a principal coisa que ele deseja de você como seu líder é que você o ame, cuide dele, acredite nele e lhe mostre como viver melhor.

Se você quiser se tornar um grande líder, seu sucesso estará diretamente ligado a essas coisas. Se puder incorporá-los, fará as pessoas fazerem algo que não fariam sem a sua presença.

Muitas vezes, perdemos oportunidades de fazer a diferença desse modo. Trabalhar no abrigo McKinley me ensinou que **é possível fazer a diferença como líder, a qualquer hora e em qualquer lugar**. Mesmo os menores atos de encorajamento e bondade fazem uma grande diferença na vida das pessoas ao seu redor.

Essa é a definição definitiva de liderança.

5. Repetição, Repetição e Repetição

Liderança não significa dizer coisas novas para pessoas velhas, e sim dizer coisas velhas para pessoas novas.

Muitas vezes, como líderes, esforçamo-nos demais para inventar coisas novas para dizer à nossa equipe. O fato é que **grandes líderes estão dispostos a se repetir várias vezes.** Chamo isso de **"sofrimento de fadiga de liderança"** porque é cansativo dizer as mesmas coisas repetidas vezes. Mas a verdade é que superar esse cansaço é necessário, porque é **sua capacidade de repetição que cria uma cultura em sua organização.**

Reforce suas mensagens constantemente e visualize seu sonho para conter outros, para que eles entendam plenamente sua missão como líder. Isso também reforça a necessidade básica de certeza em muitas pessoas. **Seus sinais devem ser simples** para que todos entendam claramente. Trate esses sinais e a repetição como uma missão.

Todos os empreendedores de sucesso são assim. Quando os conhecer, entenderá esses métodos. A reputação deles os precede. É assim que eles constroem uma marca de sucesso. **Criam ideias positivas preexistentes sobre quem são e o que representam por meio da repetição contínua, de forma memorável e fácil de entender.**

Em todo caso, todo meio de comunicação deve ser consistente nessa repetição. Como empresário, seu marketing, redes sociais, materiais de vendas, e-mails e todas as outras peças de divulgação devem reforçar sua ideia. Se quiser minar seus esforços, divulgue mensagens confusas e conflitantes e veja se será capaz de ter êxito.

Ser um bom pai ou mãe também requer repetição. Expresse constantemente seus valores, crenças e expectativas para seus filhos. Não presuma que ao dizer algo uma vez, a criança entenderá e se lembrará disso.

Como líder, **alcance um ponto em que cada pessoa liderada por você repita contagiosamente sua mensagem.** Isso fará com que elas se tornem suas ferramentas mais significativas na busca de seus sonhos.

6. Seja Generoso com Seu Reconhecimento

Procure formas de reconhecer as conquistas das pessoas constantemente.

Se pretende construir uma grande organização, ela precisa ser baseada na competição e no reconhecimento de conquistas. **Todas as grandes organizações são competitivas. Elas promovem essa mentalidade e reconhecem seus feitos. O reconhecimento é crítico.**

Reconhecer as pessoas por serem pensadoras e realizadoras que Vão Além é uma ótima forma de liderança. Por outro lado, se você não criar um ambiente em que a competição e o reconhecimento sejam importantes, perderá a maximização do potencial nos negócios, na família ou nos esportes.

Líderes eficazes são ótimos em parabenizar e reconhecer pessoas. Esse princípio de liderança é muito fácil de implementar, mas também é negligenciado com muita frequência. Esse não deveria ser o caso. **Lembre-se: como uma necessidade básica, as pessoas prosperam ao serem reconhecidas e se sentirem importantes.**

Descobri que, embora as pessoas muitas vezes igualem reconhecimento à significação, o que elas realmente querem é amor. Afinal, na cabeça de muitas pessoas, **o reconhecimento é uma forma de amor.**

Lembra-se de quando éramos crianças e nossos pais reconheciam nossos esforços quando tirávamos um 10 em uma prova ou fazíamos um gol? Essa necessidade de reconhecimento era nossa expectativa de que nossos pais demonstrassem que nos amavam ainda mais.

Quando adultos, não perdemos essa necessidade básica. Está no nosso DNA. É por isso que todos que você conhece querem ser amados, que alguém cuide, acredite e lhes mostre como fazer melhor.

Como líder, as pessoas o admiram. O que você diz importa. **Suas palavras são grandes, e o que pode parecer um comentário pequeno e descuidado talvez faça toda a diferença do mundo para seus subordinados.**

Sempre encontre uma maneira de ser encorajador. **Encontre maneiras de elogiar as pessoas em público e em particular.** Há algo incrivelmente poderoso em enaltecer uma pessoa na frente de seus colegas. Há também um tipo de poder incrível, mas diferente, que vem ao ser reconhecido com um agradecimento individual e sincero.

Como líder, **seja criativo com seu reconhecimento.** Nem tudo precisa ser baseado em desempenho. Parte desse reconhecimento pode ser baseado na execução de princípios fundamentais. Também é possível reconhecer as pequenas coisas, como chegar cedo ou trabalhar todos os dias durante um ano.

Prêmios, quadros e todas as formas verbais ou por escrito são formas altamente eficazes de reconhecimento. Gosto de escrever cartas pessoais para os filhos daqueles que trabalham para mim, contando-lhes como seus pais são incríveis. Essa é uma forma de reconhecimento que quase ninguém utiliza.

Tento encontrar maneiras únicas e inovadoras de reconhecer as pessoas que lidero constantemente. É importante criar esse tipo de envolvimento. Lembre-se: uma das seis necessidades básicas é a significação (veja o Capítulo 15), e um elemento-chave disso é o reconhecimento. Outra necessidade básica é o amor, e quando você reconhece as pessoas, demonstra que as ama.

7. Tenha uma Causa, uma Campanha e uma Missão

Mostre-me qualquer grande organização e lhe mostrarei uma motivada por uma causa e uma missão. Esses lugares são obstinada e ferozmente focados em seu objetivo final.

Como líder, criar uma missão e convencer outras pessoas a acreditarem nela é outra forma de satisfazer uma necessidade básica. Nesse caso, essa necessidade é a contribuição. Convidar as pessoas a se unirem em torno de uma causa importante também é um grande elemento de evangelização.

Uma missão tem dois componentes:

1. **O que acreditamos?** Defina no que acredita e depois inspire as pessoas a se unirem em torno dessa campanha. Qual é a nossa missão e nossos valores fundamentais? Quais são os elementos em que acreditamos e como eles contribuem para criarmos um ótimo lugar para se estar?

2. **O que repudiamos?** Uma missão deve ter um inimigo. Algo que você é contra. Por exemplo, se lidera um banco de alimentos, você é contra a fome. Se você possui uma academia, seu inimigo talvez seja a obesidade.

Pense nisso como fazer parte de uma rivalidade esportiva, como a que existe entre o Red Sox e os Yankees ou os Lakers e os Celtics. Obviamente, se você torce para um deles, aposto que torce contra o outro. Uma coisa é ganhar um campeonato, outra é jogar contra o seu rival.

Os maiores inimigos geralmente são aquilo que deseja erradicar ou mudar. Como diretora de um abrigo para mulheres, você trabalha para acabar com a violência doméstica. Se você possui uma empresa de gestão de patrimônio, talvez queira mudar a forma como as pessoas investem o dinheiro ou acabar com as más decisões financeiras.

Quanto mais forte ou mais emocionalmente motivados forem esses dois componentes, mais fácil será liderar aqueles que acreditam nisso.

Além disso, como um líder em qualquer grande cruzada, faça questão de **ficar à frente de suas tropas e liderá-las**. Esteja disposto a receber os golpes. **Permaneça visível e diga que está disposto a proteger seus subordinados** daqueles que querem prejudicar ou minar seus esforços.

As regalias da liderança recaem mais sobre você, assim como os fardos.

8. Seja Autêntico e Humilde

Se for um mentiroso ou um impostor, as pessoas que você lidera poderão até não dizer isso em voz alta, mas saberão.

Quando se trata de liderança, **dizer a verdade significa tudo.** As pessoas aceitarão que você não é perfeito. No entanto, não aceitarão a falta de honestidade. **Ao cometer um erro, não tente escondê-lo. Reconheça-o.**

Você ficaria surpreso com quanto as pessoas apreciam ouvir: "Eu cometi um erro. Sinto muito. Farei melhor da próxima vez."

Ao ser verdadeiro sobre seu próprio desempenho, também poderá ser verdadeiro sobre o desempenho dos outros. Se não for autêntico consigo mesmo, será muito difícil criar uma atmosfera de aceitação.

Da mesma forma, quando seus subordinados cometerem um erro, se não houver malícia, **pratique a compaixão** porque ninguém acerta o tempo todo.

9. Crie uma Cultura

As pessoas se atraem por um ambiente geral. Desejam **uma cultura em que a missão, os objetivos e as expectativas estejam claramente definidos.**

Uma cultura bem desenvolvida leva em consideração todas as seis necessidades humanas básicas e como satisfazê-las. Ela cria a certeza, o amor e o crescimento. O reconhecimento e o senso de contribuição constroem o moral e o senso de propósito.

A cultura é necessária porque cria um lugar onde todos exercem sua genialidade única no presente e, ao mesmo tempo, permanecem focados no futuro. **Uma cultura saudável também valoriza a transparência. As perguntas são aceitas, não temidas.**

As melhores empresas as criam porque os líderes sabem que isso lhes permite recrutar os melhores funcionários. **Funcionários talentosos gravitam em torno de empresas com culturas excepcionais** porque sabem que terão ferramentas e recursos disponíveis para ajudá-los a prosperar sem negatividade ou distrações.

10. Forneça os Recursos Necessários para o Triunfo

Não há nada pior na vida do que ir para a batalha com a sensação incômoda de que você não é capaz de vencê-la.

Como líder, cabe a você equipar adequadamente suas tropas para que se sintam confiantes em relação aos desafios que devem enfrentar. Se eles ficarem se preocupando com aquilo que não têm, estarão em clara desvantagem.

Fornecer os recursos necessários ao seu pessoal é a batalha que você deve travar antes de pedir que eles façam a parte deles por você. E isso não deve ser feito uma única vez. Precisa fazer parte da sua cultura. Deve ser um processo constante.

Os recursos não são apenas treinamento, ensinamentos, suprimentos, equipamentos, ferramentas e um amplo orçamento. Você também deve trabalhar duro para satisfazer as necessidades humanas básicas das pessoas. Ao entender que alguns funcionários precisam de certeza, reconhecimento ou oportunidades de crescimento e tomar medidas para satisfazer essas necessidades, você também estará fornecendo recursos importantes ao seu pessoal.

Além disso, **pergunte-se do que você precisa para ser um líder eficaz.** Como CEO, pai, treinador ou qualquer outra função, certifique-se de não negligenciar suas próprias necessidades. Você acabará prejudicando sua eficácia também se não for capaz de operar com capacidade máxima.

11. Crie um Movimento

Muitos de vocês que estão lendo este livro desejam ser mais do que grandes líderes. Desejam criar um movimento. Uma mudança massiva, em larga escala.

Lembre-se: as pessoas nem sempre precisam acreditar no que você diz. **Elas só precisam acreditar que você acredita.** No entanto, seja persistente, repetitivo e evangélico em seus esforços.

Criar um movimento é um empreendimento enorme e ambicioso. Líderes fortes permitem que as pessoas se vejam dentro do sonho, reconhecem os dons únicos de cada pessoa, satisfazem as necessidades básicas delas e dão um exemplo inspirador para ter uma chance de obter um resultado favorável.

Criar um movimento leva tempo. Mas ele cairá como uma casa de palitos em um furacão se você não construir uma base sólida primeiro e usar os melhores recursos disponíveis à sua disposição.

Ser um líder que Vai Além não é fácil, mas ao aprender como aplicar esses princípios de liderança ao longo do tempo, você não apenas impulsionará sua vida até o nível mais alto possível, mas também elevará a vida das outras pessoas que lidera.

17

Um Nível de Equanimidade Além

Há um espaço entre o estímulo e a resposta. Nesse espaço está a possibilidade de escolher uma resposta. Nela está nosso crescimento e nossa liberdade.

— Victor E. Frankl, neurologista, psiquiatra e sobrevivente do Holocausto

P ARA UMA VIDA PLENA, BUSQUE PELA EQUANIMI-DADE.

Em termos básicos, equanimidade significa alcançar serenidade e calma mental em um mundo repleto de inquietações. Mas é muito mais do que isso. **A equanimidade é a cola oculta que segura muitas** das outras ideias deste livro. **Para atingir o nível mais alto dessas estratégias, utilize-as com um grau avançado de equanimidade.**

Sou um grande defensor da equanimidade. E acho que você deveria ser também.

A Essência da Equanimidade

Equanimidade se origina da palavra latina *æquanimitas* (possuir uma mente equilibrada). É o resultado da combinação de *aequus* (constante) e *animus* (mente/alma).

A busca por uma mente e alma equilibradas é uma virtude indescritível. As pessoas passam a vida inteira em busca de equanimidade, e me incluo nisso. Lutei para encontrar a calma ao longo da minha vida. Para mim, encontrar equanimidade é mais fácil em situações de baixo estresse. No entanto, é muito mais valioso quando a invoco sob pressão. **Ao entender melhor o que ela é e colocá-la em prática, meus caminhos para o sucesso são mais rápidos, frequentes e substanciais.**

Comece com esse fato.

Não podemos controlar a maior parte do que acontece em nossa vida. Podemos sonhar, estabelecer critérios e metas e ajustar nossos pensamentos e ações de diversas maneiras. O que não podemos fazer é controlar os resultados, mesmo com os maiores esforços. A reação natural de muitos diante disso é decepção, frustração, desespero e raiva. Ninguém está imune a esses sentimentos. Mas e se pudesse compreender outras maneiras para condicionar seu cérebro e suas respostas a forças e resultados externos? E se não deixasse os empecilhos o impactarem negativamente? E se pudesse superar os resultados ruins e alcançar um estado mental positivo e racional, imune às adversidades?

Essa é a essência da equanimidade.

Ao serem confrontados com uma situação difícil, como um telefonema estressante, uma reunião ruim, um revés financeiro ou um desafio de relacionamento, aqueles com grandes conquistas encontram equanimidade em momentos que os outros não conseguem. Por que pessoas com alta performance melhoram em tempos de crise, enquanto outros desabam? A equanimidade é o separador invisível entre a elite e os medianos e comuns.

Pense assim: muitos arremessadores têm mais facilidade em eliminar os rebatedores no primeiro turno sem ninguém na base do que enfrentar um rebatedor que fez um home run no campo direito. Os jogadores de golfe conseguem passar a quinta-feira toda de um torneio fazendo tacadas. Mas quantos usam a equanimidade para acertar uma bola a 6 metros do buraco 18 no domingo e vencer por uma tacada? Se você estiver em uma fase difícil em seu relacionamento, use a equanimidade para dizer a coisa certa e apaziguar os ânimos, em vez da coisa errada que o levará a fazer as malas dez segundos depois.

Todos encontram graus de equanimidade na maior parte do tempo. Uma das coisas que os separam daqueles com grandes conquistas é que eles a encontram quando mais precisam.

A equanimidade é uma das filosofias mais antigas do mundo e seus elementos estão presentes em muitas religiões. No cristianismo, muitas vezes olhamos uns para os outros e dizemos: "A paz esteja com você" ou "A paz de Cristo esteja com você". Existem inúmeros exemplos na Bíblia:

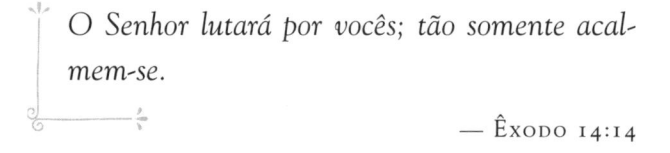

> *O Senhor lutará por vocês; tão somente acalmem-se.*
>
> — Êxodo 14:14

> *Deixo-vos a paz, a minha paz vos dou; não vo-*
> *-la dou como o mundo a dá. Não se turbe o*
> *vosso coração, nem se atemorize.*

— João 14:27

> *Mas os mansos herdarão a terra, e se deleitarão*
> *na abundância de paz.*

— Salmos 37:11

A equanimidade também está presente em várias religiões indianas. Por exemplo, o hinduísmo pede aos crentes que abandonem todos os apegos ao sucesso ou ao fracasso. Os elementos da Yoga ensinam que a equanimidade é alcançável por meio de meditação regular e disciplinas mentais que clareiam a mente e a aproximam de um equilíbrio saudável.

O judaísmo dá importância a ela como fundamento necessário para o desenvolvimento espiritual e moral.

Gautama Buda, um filósofo e professor espiritual amplamente seguido do século V a.C., descreveu uma mente cheia de equanimidade como *"abundante, exaltada, imensurável, sem hostilidade e sem má vontade"*. Algumas centenas de anos após sua morte, ele se tornou conhecido apenas como Buda, que significa "O Desperto" ou "O Iluminado". Seus ensinamentos sobre o budismo foram amplamente divulgados como as crenças fundamentais dessa filosofia.

A religião islâmica também tem laços estreitos com esse conceito. A palavra "Islã" vem da palavra árabe *aslama*, que denota a paz vinda da rendição e aceitação total. Os muçulmanos atribuem isso à sabedoria suprema de Deus, e muitos entendem que ser muçulmano está alinhado com estar em um estado de equanimidade.

Como filosofia espiritual, ela é um dos pilares mais antigos da humanidade. É uma crença espiritual que foi ensinada e elogiada por séculos. Antes de se aprofundar nos elementos individuais da equanimidade, é necessário reconhecer como ela foi tecida na sociedade por milênios.

Os Elementos da Equanimidade

Uma coisa é dizer que você deve buscar por um nível Além de equanimidade. Outra é entender como chegar lá. Como qualquer desafio, divida o grande conceito em partes menores. Isso o tornará mais claro, simples, e será mais fácil aceitar a equanimidade em sua totalidade.

Ao estudar o modo como ela se relaciona com suas crenças e religião, talvez não se identifique com alguns elementos dela. Mostrarei alguns princípios abrangentes, mas **cabe a você decidir a melhor forma de abordá-la de uma maneira que faça mais sentido pessoal.**

Estes são alguns pontos importantes a serem considerados:

- **Equanimidade é encontrar serenidade ao lutar contra os desafios em sua vida.** Você será jogado de um lado para o outro. A vida é assim, e não há como fugir disso. Embora não possamos controlar as forças externas, podemos estar atentos a como pensamos e reagimos a elas.

- A consciência de tal fato aquieta nossas mentes. **Serenidade é aceitar que existem algumas coisas que simplesmente não podemos mudar.** Encontrá-la requer prática. A meditação em busca da equanimidade requer a liberação consciente de suas opiniões a favor ou contra todas as coisas. Suas ações são guiadas por seus valores e virtudes e não por seus desejos reacionários a sentimentos positivos ou negativos.

- **Equanimidade é reconhecer a impermanência.** Não importa o que aconteça em sua vida, nada dura para sempre. **A vida é sinônimo de mudanças e impermanências.** Se compreender isso, entenderá que bons e maus momentos passarão pela sua vida.

- Apegar-se às coisas boas ou ruins só leva à dor. É fácil entender como se apegar ao que é ruim faz mal. **Mas reconheça que se apegar ao que é bom também pode machucar quando isso termina.** Equanimidade é enfrentar a permanência e a dor associada ao processo. Ela cria um espaço de consciência que permite que cada estímulo venha e vá. **Pensamentos são só pensamentos. Os sons são apenas sons. As pessoas estão apenas sendo elas mesmas. E eventos são somente eventos.**

- **A equanimidade também nos lembra de nossa insignificância.** Muitas vezes, colocamos muito foco em nós mesmos. **Ao entendermos que somos apenas uma pequena parte da vasta condição humana, nos libertaremos das pressões que colocamos em nós mesmos.**

- Nossos medos diminuem quando colocados em perspectiva. Não fugimos da dor nem evitamos a culpa ou a perda com tanto vigor. Aceitamos esse estado e trabalhamos para equilibrar nossas vidas com mais calma. **Equanimidade é sobre liberação.** Se um desafio ou contratempo em sua vida for pesado, largue-o. Deixe para lá. Aprenda a se distanciar de crenças negativas, ressentimento, dor e mágoa.

- **Uma das Quatro Nobres Verdades proclamadas por Buda é que o apego é a origem do sofrimento.** O apego ao desejo de ter ou não ter algo gera ansiedade e medo. Deixe ambos de lado e aceite o que entrar em sua vida, seja bom ou ruim, e liberte-o da prisão que são seus pensamentos.

Ajahn Chah, um monge budista tailandês do século XX, resumiu bem quando disse: "*Se você superar um pouco, terá um pouco de paz. Se superar bastante, terá muita paz. Se você superar completamente, terá a paz total.*"

■ **A equanimidade acolhe as mudanças.** Em vez de prender--se ao status quo, reconheça que seu futuro está nas mãos da mudança. **A aceitação dela, que é inevitável, traz paz. Lutar contra ela é uma perda de tempo.**

Esses conceitos explicam apenas brevemente o que é equanimidade. Se estiver interessado, eu o encorajo fortemente a se aprofundar mais. Existem bibliotecas inteiras sobre equanimidade e como aparece em tantas culturas e religiões. Quanto mais souber sobre equanimidade, maior será seu potencial para que ela esteja presente em sua vida.

Como parte de sua exploração aprofundada, se familiarizar com os Oito Ventos Mundanos é um excelente lugar para começar.

Os Oito Ventos Mundanos

O budismo identificou quatro conjuntos de estados opostos que existem em nossas vidas. Eles são chamados de Oito Ventos Mundanos, às vezes conhecidos como os Oito Dharmas Mundanos. Aparecem com vários rótulos, mas geralmente são aceitos como:

■ Prazer e Dor

■ Elogio e Crítica

■ Ganho e Perda

■ Fama e Desonra

O objetivo da equanimidade é diminuir os efeitos que esses ventos têm em sua mente, que surgem de uma forma ou de outra todos os dias. Seguem alguns exemplos de ocorrências dos oito ventos mundanos:

- Apaixonamo-nos perdidamente, apenas para descobrir uma traição.

- Nosso sucesso pode ser emocionante, mas também levar à arrogância.

- Conseguimos uma grande promoção no trabalho, apenas para que a empresa declarasse falência seis meses depois.

- Torcemos muito por um herói esportista ou músico famoso e, depois, descobrimos que eles têm um grave problema com as drogas, um passado criminoso ou falecem inesperadamente, como Kobe Bryant.

Devemos equilibrar aquilo que é bom ou ruim para que, embora possamos reconhecer as boas novas, também possamos entender que elas não são permanentes. **Aceitamos que o mundo equilibrará as coisas ao longo do tempo.** Dessa forma, não nos sentiremos no auge ou no fundo do poço quando reagirmos a esses eventos. Isso não quer dizer que não devemos sentir alegria ou felicidade quando algo bom acontece. Só precisamos ser prudentes. A equanimidade nos permite fazer isso.

Sem ela no comando, ir e vir será exaustivo. O objetivo é a calma mental completa. Às vezes chegamos a esse estado, mas como a busca pela equanimidade é um empreendimento para toda a vida, devemos refinar nossa abordagem e corrigir o caminho à medida que avançamos.

Todos os Oito Ventos Mundanos são professores. Do ponto de vista espiritual, precisamos de todos em nossas vidas. Sem uma metade do par, a outra deixa de existir ou não tem sentido. No entanto, a preocupação excessiva com esse conceito é considerada uma barreira para a equanimidade. Ficar envolvido demais gera instabilidade emocional.

A equanimidade tenta seguir um curso entre cada um desses pares. Não cabe inteiramente em um lado ou no outro. Ela aceita a realidade de cada vento sem segui-lo. O ponto é perceber que os ventos não são permanentes e, quando mudarem, será mais fácil ser flexível em suas reações com mais facilidade.

Essa filosofia é muito boa. No entanto, você precisa decidir qual é o seu relacionamento com a equanimidade agora e como será no futuro.

Seu Relacionamento com a Equanimidade

Quando se trata da equanimidade, as pessoas geralmente se enquadram em uma dessas quatro categorias:

- Agressivo e com equanimidade
- Agressivo e sem equanimidade
- Passivo com equanimidade
- Passivo e sem equanimidade

Desses, há apenas um estado ideal que você deve atingir: agressivo e com equanimidade.

Se você for passivo, a equanimidade não o ajudará muito. Será apenas uma parte irritante do seu cérebro que o lembrará de que é relaxado e calmo demais para fazer qualquer coisa significativa em sua vida. Traga um certo nível de tenacidade para sua vida. Não é necessário aumentar o volume para "100" o tempo todo, mas **levar uma vida em que faz as coisas acontecerem!**

Mencionei no início deste capítulo que nem sempre abordei a vida com equanimidade suficiente. Admito que pesava demais para um lado só e desequilibrava minha vida e nem sabia disso na época. Claro, eu fiz muita coisa. Ganhei muito dinheiro. **Mas paguei um preço mais alto do que o necessário por não praticar a equanimidade durante muitos anos.** A jornada para a equanimidade não acontece da noite para o dia. Como aprendi, requer anos de atenção e intencionalidade em seus pensamentos e ações.

Os pensadores que Vão Além também entendem que a equanimidade não é permanente. Ela é passageira e vai e vem à medida que vários desafios surgem em sua vida. **Você se moverá entre distintos graus de equanimidade a cada dia e a cada momento.** Meu objetivo é garantir que você não viva sem equanimidade suficiente, como eu fiz. Encontre a paz e a calma mental o mais rápido possível.

Seu relacionamento com ela é a força que tornará muitas outras coisas boas possíveis na vida.

Uma Oração Além

O primeiro gole das ciências naturais o trans-formarão em um ateu, mas, no fundo do copo, Deus estará esperando por você.

— WARNER HEISENBERG

VOCÊ CONSEGUE ENXERGAR A FÉ? CONSEGUE TO-CAR, SENTIR O GOSTO OU O CHEIRO?

É claro que não.

Mas por muito tempo, **a fé tem sido a força mais dominante e mais inspiradora na busca dos homens pela verdade e paz de espírito.**

Sei que a fé é uma escolha altamente pessoal. **Respeito as pessoas de todas as fés e a liberdade de segui-las da maneira que trouxer mais significado para cada um em suas próprias vidas.** Dito isso, eu não teria escrito um livro em que acredito se não compartilhasse o impacto significativo que a fé cristã teve em minha vida. Na verdade, o maior impacto de qualquer coisa na minha vida.

Francamente, lutei para escrever este capítulo, não por causa da profunda crença em minha fé, mas porque quero compartilhar com você o enorme impacto que sei que a oração terá em sua vida. Eu também quero ser transparente sobre o meu amor por Jesus. Dito isso, também quero respeitar suas crenças e não afastá-lo com minha pregação.

Este não é um capítulo sobre religião. **É um capítulo sobre como usar a oração e a fé como estratégia para ajudá-lo a alcançar seus objetivos.** E mesmo que a fé não desempenhe um grande papel em sua vida, continue lendo, porque também lhe contarei em que sentido acho que a ciência não é capaz de impactar sua vida nessa área.

Isso nos leva a uma questão fundamental.

O Que É Fé?

Sabemos que a fé move montanhas, mas isso é apenas um princípio básico da definição verdadeira.

A fé é universal. Cada civilização, desde o início dos tempos, praticou algum tipo de espiritualidade baseada nela.

Também é justo dizer que a oração é a manifestação da fé.

Elas se combinam para lhe guiar em direção à paz, verdade, convicção e vivência de acordo com um código moral. Andam de mãos dadas, mas são conceitos distintos que coexistem em harmonia para o seu benefício.

Em termos de Ir Além, aborde a fé como pensamentos. Aborde orações como ações. Ao combiná-las, formarão um vínculo diferente de qualquer outro. É por isso que é importante pensar em sua fé com frequência e, em seguida, comprometer-se a orar com frequência.

A maioria das pessoas é movida por alguma forma de fé, fortalecida e confirmada em orações. Elas fortalecem suas crenças baseadas na fé. Por sua vez, isso define seu caráter, o que pensa sobre si mesmo e como trata os outros.

Na verdade, posso atestar que Uma Oração Além me aproximou de Jesus todos os dias da minha vida.

Consciente e inconscientemente, você ora mais do que imagina. Talvez nem sempre veja isso como uma oração, mas a tendência natural de sua mente é pensar sobre o que deseja na vida. Você os vê como desejos, mas, na realidade, **desejos são uma forma de oração**.

Quando você deseja uma promoção no trabalho, um relacionamento feliz e amoroso, uma boa saúde ou riqueza, ainda que não perceba, isso é uma forma de oração.

Isso nos leva a várias perguntas.

Você ora com frequência suficiente? É uma parte regular de suas atividades diárias? Ou apenas quando precisa da ajuda do seu Deus? Com que frequência pensa intencionalmente sobre isso? Pratica a gratidão ao orar e também após suas orações serem respondidas?

Como Você Define Fé e Oração?

Assim como cada pessoa tem um relacionamento único com seu Deus, **a fé e a oração assumem um significado altamente pessoal para cada um de nós.**

Considere como a Bíblia define a fé em Hebreus 11:1: *"Ora, a fé é o firme fundamento das coisas que se esperam, e a prova das coisas que se não veem."*

Embora existam verdades e crenças universais com as quais todos concordamos, quando se trata de definir a fé e oração, mantemos alguns pensamentos com base em como as percebemos, assim como nosso relacionamento com um ser superior.

A presença da fé e a capacidade de orar são exclusivamente humanas. Nossa capacidade de pensar conceitualmente além do que vemos, tocamos e sentimos no mundo nos separa de outros seres vivos.

Livre-arbítrio significa que interpretamos a fé de maneira pessoal. A partir disso, também oramos de modo pessoal.

A fé tem aplicações além das associadas à religião. **Ela depende da confiança e lealdade a um dever, pessoa ou coisa.** E, em termos amplos, **baseia-se na aceitação de uma verdade proposta, sem a comprovação desta.**

A oração tem uma definição mais específica. Para muitas pessoas, o propósito é aumentar a compreensão do que nosso Deus considera bom, ao mesmo tempo que aumenta em nós o desejo pelo que é bom.

Assim, definir fé e oração significa essencialmente confiar que essas concepções visam cultivar o bem em nosso ser.

Frequentemente, as pessoas resistem em adotar a fé porque sentem que precisam saber tudo sobre uma determinada crença antes de se sentirem à vontade para aceitá-la. Para alguns, esse tipo de pensamento não se aplica apenas à fé, mas a todas as partes de sua vida.

O que quero dizer com isso?

Se sentir que precisa atingir um certo limiar de conhecimento antes de avançar, ficará paralisado pela inação e estará atrás daqueles mais dispostos a se aventurar pelo desconhecido e agir mesmo assim.

Para uma vida plena, em diversos momentos, deverá suspender a necessidade de saber tudo antes de agir. Especialmente com relação à fé, porque nunca saberemos tudo o que há para saber. Por sua própria definição, ela exclui esse tipo de pensamento.

Esse pensamento limitante o impede não apenas em sua fé, mas também em outras áreas de sua vida?

Por exemplo, suponha que você seja o tipo de pessoa que precisa saber tudo o que há para saber antes de entrar em ação. Nesse caso, é provável que nunca será a pessoa que arriscará abrir seu próprio negócio ou entrar em um novo relacionamento amoroso. **Um sistema de crenças que "necessita de saber tudo com antecedência" não servirá bem ao longo de sua vida.**

Cada área da nossa vida, especialmente a fé, depende de explorar o desconhecido em um grau ou em outro.

Ganhe Forças por Meio da Fé e Orações

Muitas vezes me perguntam qual é o meu livro favorito e, para mim, sempre houve apenas uma resposta:

A Bíblia.

E meu versículo favorito é Filipenses 4:13: *"Tudo posso naquele que me fortalece."*

Fortaleço-me toda vez que leio a Bíblia. Também tenho uma curiosidade profunda e contínua sobre a natureza da humanidade, questões espirituais profundas e questões morais que me desafiaram a encontrar respostas por muitos anos.

Uma das maneiras de obter força é por meio de uma passagem simples que resume a simplicidade e a pureza de ser fiel e orar com frequência.

Em João 16:24, Jesus disse: *"Pedi, e recebereis, para que o vosso gozo se cumpra."*

Essa é a essência da fé e das orações e o impacto que tiveram em minha vida.

Mais do que isso, **uma vez que acredito plenamente no poder que elas têm, nunca estou sozinho.**

Ao longo de toda a minha vida, extraí uma força considerável do impacto positivo da fé e das orações, o que me garante uma **confiança suprema** toda vez que entro em uma ligação de vendas, subo no palco de um evento para falar em público ou quando simplesmente estou fora de casa, conhecendo e conversando com pessoas na rua.

Também fui recompensado por meio de minha fé e orações. Acredito firmemente que existe uma relação direta entre a riqueza que alcancei, os relacionamentos de negócios e amizades com os quais fui abençoado e, o mais importante, a vida familiar contínua e feliz que desfruto.

É difícil explicar o sentimento que a fé e as orações têm sobre você para alguém que não tem essa prática regular.

Só posso dar testemunho do que recebi. Acredito que, se praticadas corretamente, **a fé e as orações devem ser usadas como um momento para buscar a paz interior, refletir sobre a natureza de sua vida e ser grato pelas bençãos recebidas.**

Tiro força da calma resultante. Isso me ajuda a me centrar e focar o que virá a seguir. E, a partir daí, encontro propósito e energia na hora de seguir adiante em várias partes da minha vida.

 # A Relação entre Fé, Energia e Ciência Quântica

Muitas vezes, as pessoas me perguntam se a crença profunda em minha fé significa que não acredito na ciência. Claro que não. Pelo contrário.

Existem três filosofias relacionadas à natureza fundamental da vida como a conhecemos:

1. **Algumas pessoas se baseiam completamente na fé.**

2. **Algumas se baseiam em energia.**

3. **Por fim, há aquelas que se baseiam na ciência**.

Sou um tanto único porque acredito em todos os três campos.

Sou cristão, mas também acredito em um Deus todo-poderoso que criou o universo. Também acredito muito na ciência e em energia. Não acredito, de forma alguma, que essas doutrinas entrem em conflito umas com as outras.

Em certo ponto da minha vida, costumava pensar que o que eu acreditava sobre a ciência significava que precisava reduzir a profundidade das crenças em minha fé. Por outro lado, também pensava que deveria descartar muitos princípios científicos para manter minhas fortes crenças baseadas na fé.

No entanto, ao ler e aprender mais, percebi que **a ciência realmente confirmou minhas crenças nas complexidades, na beleza e na natureza maravilhosa de minha fé**.

Meu Deus todo-poderoso: Ele criou tudo ou não criou.

A definição básica da ciência quântica é que o universo está cheio de partículas que interagem umas com as outras e fluem com energia quântica. A explicação científica dessa energia é chamada de estudo da física quântica.

O que eu amo nesse campo é o ponto onde a fé e a ciência se cruzam. Na verdade, alguns dos meus amigos mais devotos, incluindo pastores, rabinos, imãs, padres e outros, se interessam muito na ideia de energia.

Minha crença nessas três ideias tem origem de uma pergunta que fiz a mim mesmo há muito tempo:

Sabendo que existe um Deus que colocou árvores, animais, oceanos, campos gravitacionais, clima e TODAS as outras coisas

em nosso mundo, por que esse mesmo Deus não pode ser o criador da energia que sentimos e experimentamos no mundo?

Apesar da enormidade dessa questão, ao aceitar a premissa de que todos nós sentimos essa energia e que Deus é o criador dela, isso é muito menos monumental do que Deus criar a complexidade do homem e da mulher.

Para mim, criar um campo de energia não é nada se comparado a **dar a 7 bilhões de pessoas a capacidade de pensar, questionar, expressar emoções e desafiar, raciocinar e ponderar sobre as grandes questões do nosso mundo**. Além disso, Ele nos deu o dom de encontrar respostas para muitas dessas perguntas, para nos impulsionar como civilização desde o início dos tempos.

Isso, somado aos milagres biológicos, dá a cada um de nós a essência da vida. Considere o milagre da procriação de Deus, a transferência de oxigênio em nossos corpos para sustentar a vida, o processamento de alimentos e água em energia, os dons da visão, audição, paladar e outras experiências sensoriais incríveis que usamos para navegar no mundo.

Pense nisso por um momento.

Reflita de verdade sobre por que e como você veio a existir.

Não apenas acredito que a fé, a energia e a ciência existam para nos dar respostas, paz, lógica, ordem e tudo o que precisamos em nossas vidas, mas sei que cada um desses elementos existe porque os experimentei várias vezes.

Sou fascinado há muito tempo pela energia invisível em nosso mundo, como ela se desdobra em minha fé e como oro.

À primeira vista, não parece que fé e ciência tenham algo em comum. No entanto, talvez você se surpreenda ao saber que os **líderes** espirituais e cientistas têm buscado maneiras de relacioná-las há um bom tempo.

A física quântica argumenta que tudo pode ser dividido em partículas e ondas infinitesimais e, assim, criar uma energia invisível que impulsiona o universo. Assim como a fé, partículas quânticas não podem ser vistas, mas cientistas e estudiosos religiosos operam sob a suposição de que ambos influenciam significativamente a humanidade.

Um dos princípios básicos da física quântica é a crença da criação de uma resposta para uma pergunta ao tomar uma decisão. A fé opera da mesma maneira. Além disso, se tivesse feito outra escolha ou usado outro método, a verdade que você estabeleceu seria diferente. A fé o encaminha para certas respostas, que originam decisões e resultados.

Consegue ver a ligação de como a ciência e a espiritualidade estão conectadas? Não é assim que a fé e a oração nos guiam para as decisões certas?

Essa interconexão ajuda a fortalecer o argumento da importância de entender a energia invisível da fé e a prática central da oração. A interseção da ciência e da fé tornou-se uma área de estudo cada vez mais avançada, à medida que a humanidade continua a questionar os elementos mais profundos de nossa própria existência.

Essa é a essência da relação entre fé e energia.

Muitas pessoas acreditam que, se adotarem a fé e a oração, deverão excluir o conceito de energia no universo. Eu acredito exatamente no oposto. Acreditar na energia e na ciência quântica fortalece minha fé e minhas orações intencionais. Elas se alimentam mutuamente em vez de se cancelarem.

Quanto mais orar, mais frequentemente as pessoas sentirão sua energia, paz, conforto e empatia. Por essa razão, independentemente da sua fé ou crença, recomendo que ore com mais frequência.

Você Sempre Faz as Pessoas Sentirem Algo

Você já esteve perto de alguém e imediatamente se sentiu atraído ou não por essa pessoa? Eu sei que já conheceu várias pessoas ao longo de sua vida, e vocês se deram bem instantaneamente por causa da maneira como se sentiram na presença um do outro.

Acredite ou não, isso faz parte da física quântica. Faz parte da energia invisível do mundo.

Essa mesma energia invisível existe de outras maneiras. Concorda comigo que existe uma força energética que mantém seus pés no chão e que se chama gravidade?

Você já entrou em uma sala e sentiu uma energia pacífica enquanto estava lá? Por outro lado, já entrou em um lugar e a energia o incomodou? Talvez tenha o assustado ou feito com que você se sentisse desconfortável.

Este é outro exemplo excelente: já notou como os cães imediatamente se aproximam de algumas pessoas, mas algumas não conseguem chegar a menos de 3 metros ou correm o risco de serem mordidas?

Esse é um exemplo perfeito de como **a energia que emite também diz certas coisas sobre você**. Sua capacidade de ser intencional e fazer as pessoas sentirem ou não certas coisas é fundamental para alcançar as coisas com as quais você sonha.

Lembre-se disso: **você sempre faz as pessoas sentirem algo**.

Existe uma energia que atrai certas coisas para a sua vida e uma energia que também repele as coisas para longe. Se você não entender o funcionamento dessa energia, prestará um desserviço considerável a si mesmo. No entanto, ter uma boa compreensão desse conceito será bastante útil em sua vida.

A profundidade com que decide explorar essa energia e a física quântica depende inteiramente de você. Mas negar tal existência é rejeitar algo tão fundamental quanto a gravidade em nosso mundo.

Minha compreensão dessa energia e como ela funciona tem sido fundamental para o meu sucesso por muitos anos. Também estou perfeitamente ciente de que a grande maioria das pessoas que conheço está totalmente alheia a energia que emite e como ela faz os outros se sentirem. **Sua capacidade de controlar e aproveitar a energia que destina aos outros é fundamental para o quão bem você exercerá suas funções no mundo.**

Além disso, entenda que, às vezes, a energia necessária será amorosa, às vezes intensa e às vezes compreensiva. Essa é a outra parte de utilizá-la ao máximo.

O Poder de Uma Oração Além

Já mencionei antes, mas gostaria de enfatizar novamente: a fé e as orações são altamente pessoais e respeito cada pessoa e como escolhem praticá-las.

Fico feliz em compartilhar o que sei e acredito, e se fizer sentido e o ajudar a alcançar um grau mais alto de fé e orações mais focadas, ficarei feliz. Acredito firmemente que uma oração a mais o aproximará de sua fé pessoal, seja ela qual for.

Seguem algumas coisas adicionais em que acredito sobre a fé e Uma Oração Além:

- **Quanto mais forte for sua fé naquilo em que acredita, mais profundo será seu compromisso com a causa resultante.** Em termos estratégicos, pense desta forma: se você tem fé e reza para ser a pessoa certa para uma promoção no emprego ou acha que merece fechar um grande negócio, será a pessoa certa para resolver o problema de outra pessoa ou empresa e trabalhará ainda mais para que isso se torne realidade.

- Às vezes, sua fé vacilará e haverá momentos em sua vida em que você terá perguntas para o seu Deus. **Faça-as e teste sua fé.** A menos que obtenha respostas ou, pelo menos, as procure, nunca fortalecerá sua fé. **Remova a dúvida quando a encontrar.**

- **Não ore apenas quando lhe convém. Ore todos os dias.** Seja consistente. Isso deve ser um hábito, assim como se exercitar, comer os alimentos certos ou dizer ao seu cônjuge ou filhos que você os ama.

- Aposto que conhece a expressão: "Não há ateus em uma trincheira." Não espere até que você esteja em uma. **Ore nos bons e nos maus momentos. Ore com honestidade e com intenção.** Não o faça apenas por fazer, não importa em que condições sua vida esteja.

- **Certifique-se de que suas orações e pedidos sejam congruentes com a vontade de seu Deus.** Esta verdade é explicitamente declarada em 1 João 5:14: "*Se pedirmos alguma coisa de acordo com a vontade de Deus, ele nos ouvirá.*"

- **Não deseje o mal de ninguém em suas orações. Isso não é aceitável. Nunca.**

- Também acredito que o **poder da oração tem um efeito agregador em sua vida.** Quanto mais transformar a fé e a oração em uma parte essencial de sua vida, mais impacto elas terão sobre você e as pessoas com quem se importa.

- Outra coisa que aprendi é que, quando uma tragédia ocorre, **sua fé entrará em crise.** Mas também aprendi que será então que você precisará mais dela e de suas orações.

- E, por fim, às vezes outros o desafiarão ou rejeitarão por sua fé e orações. Talvez eles não lhe permitam tempo o suficiente para entender suas crenças ou as generalizem com base em suas próprias crenças e, possivelmente, com base em suas próprias deficiências. Minha resposta a pessoas assim é que **seu relacionamento com seu Deus é mais importante do que o que as pessoas acham que o conhecem e tiram conclusões sobre você.**

Se puder colocar seu Deus em primeiro lugar, estará no caminho certo para incorporar efetivamente a fé e o poder de Uma Oração Além em sua vida.

Um Último Momento para Ir Além

TIVE DIVERSAS EPIFANIAS ENQUANTO ESCREVIA O *PODER DE IR ALÉM*. Porém, uma delas se destacou.

Percebi que minha filosofia de vida e negócios vem do meu relacionamento com meu herói e pai, Edward Joseph Mylett Jr.

Minha crença de que as pessoas podem mudar e a razão pela qual escolhi ajudar as pessoas a terem uma vida melhor se origina do fato de que o homem que amo e que admiro acima de todos os outros fez exatamente isso.

Embora eu tenha compartilhado várias coisas, nenhuma é mais essencial ou difícil para mim do que o Último Momento para Ir Além. Ao observar a pessoa mais próxima de você viver de certa maneira e, em seguida, se comprometer com uma mudança profunda ao se deparar com esse conceito, isso não apenas muda a pessoa como muda você também.

Contarei a seguir essa história, de como, durante sua vivência, meu pai me ensinou uma das lições mais valiosas possíveis.

E sei que você também encontrará valor nela.

■ ■ ■

A lição do Último Momento para Ir Além começa agora.

Meu pai era banqueiro de profissão, um homem trabalhador que nunca faltava um dia ao trabalho.

E também foi um alcoólatra durante os meus primeiros 15 anos de vida.

Ele pagou um preço horrível enquanto sofria com essa doença. E, por extensão, as pessoas que ele amava também pagaram um preço alto.

Nós nos tornamos o dano colateral em uma guerra que se alastrava dentro dele. Embora tivéssemos uma família muito amorosa, essa doença deixou todos nós ansiosos e preocupados. Foi difícil ver meu pai lutar todos os dias com algo que eu sabia que ele desejava se livrar.

Mas, ironicamente, direi que o hábito dele aconteceu para mim e não comigo.

Além disso, o alcoolismo do meu pai aconteceu para ele e não com ele. Isso porque, por meio de sua doença, meu pai encontrou sua verdadeira vocação na vida.

Esse hábito aconteceu para mim porque a maioria das habilidades que uso até hoje são em razão de minha criação com um pai alcoólatra.

Por exemplo, aprendi a ler a linguagem corporal, a tonalidade e as expressões faciais muito jovem. Em um primeiro momento, aprendi a ler qual pai voltaria do trabalho. Seria um pai sóbrio e amoroso ou um pai embriagado e desapegado?

Cheguei ao ponto de conseguir descobrir isso pelo modo como meu pai inseria a chave na fechadura da porta da frente. Se tinha dificuldades e se atrapalhava, eu sabia que ele havia bebido. Por outro lado, quando a chave deslizava na fechadura sem hesitação, eu também sabia o que isso significava.

Uma vez lá dentro, eu prestava atenção em como ele falava e andava, sua linguagem corporal, comportamentos e atitudes. Sempre foi um jogo de adivinhação se eu o evitaria até que ele fosse para a cama ou se sairia para brincar com ele no quintal.

Quando se tem 8 anos, e essa é uma habilidade necessária para uma vida familiar melhor, você aprende essa lição de forma rápida e muito bem.

Embora, no fundo, meu pai fosse um homem de bom coração, quando bebia, suas ações nem sempre se alinhavam com seu caráter. Muitas vezes, ele não estava apenas emocionalmente afastado do resto de nós, mas também fisicamente. Havia dias e noites em que não voltava para casa, e todos nós sabíamos o motivo.

Apesar dessa aflição, meu pai era meu melhor amigo e eu o admirava. Ele era meu herói, confidente, conselheiro e a pessoa em quem eu confiava acima de todas as outras. Ele fez com que eu e minhas três irmãs nos sentíssemos especiais, e todos pensávamos nele da mesma maneira.

Apesar dos desafios em sua própria família, sei que muitos de vocês passaram pelas coisas que minhas irmãs e eu passamos.

Quando menino, todo filho pensa que seu pai é perfeito... alguém que não erra nunca. Infelizmente, a natureza da vida é que um pai é humano e cometerá erros ao longo do caminho. Como sou pai agora, certamente sei que os cometi.

Mas, quando criança, e se você é como eu era, fica maravilhado com seu pai. Você o torna seu herói e ignora esses erros e imperfeições.

No entanto, eu não o admirava porque o achava perfeito. Na verdade, era exatamente o oposto. Foi sua capacidade de superar seus erros e deficiências que o tornou ainda mais extraordinário aos meus olhos.

Nunca saberei exatamente por que meu pai começou a beber e acho que nenhum de nós jamais descobriu como isso se tornou um vício.

■ ■ ■

Coisas difíceis, desafiadoras e trágicas acontecem com todos nós, o que significa que chegará um momento em sua vida em que essas coisas acontecerão com você. Quer queira, quer não, elas virão, e nenhuma oração, desejo ou súplica impedirá essa inevitabilidade.

Uma das leis imutáveis do universo é que tudo vem com data de validade.

Permita-se refletir sobre isso por um momento.

Mais cedo ou mais tarde, tudo acaba.

Não importa quem você é ou o que vive, a mudança virá. Isso não deve deprimi-lo, e sim criar um senso de urgência em você. Serve também para lembrá-lo de que as coisas acontecem para você e não com você.

Em vários momentos da sua vida, você chegará ao fim de uma jornada e se deparará com um Último Momento para Ir Além. Nessa hora, fará escolhas que definirão seu caráter e mudarão o curso de sua vida.

Seu mundo mudará ao perceber que seus dias na Terra são finitos. Muitas pessoas chegam a essa conclusão mais cedo do que outras, e algumas têm plena consciência disso, mas não conseguem se libertar das correntes pesadas que forjaram.

Em algum momento, estaremos todos unidos por um Último Momento para Ir Além. Não podemos escapar. Portanto, devemos aprender a enfrentá-lo da melhor maneira possível.

Aprenda a viver sua vida da melhor maneira que souber *antes* que esses dias cheguem.

Você não é capaz de parar ou desacelerar a marcha do tempo e essas mudanças inevitáveis. Tudo o que pode fazer é aproveitar ao máximo o que possui agora. Dessa forma, será possível guiar intencionalmente seu destino. É assim que viverá uma vida com menos fardos, arrependimentos, raiva e tristeza.

E, sim, isso não é fácil.

A mudança raramente é fácil.

■ ■ ■

Quando eu tinha 15 anos, meu pai foi confrontado com o maior Último Momento para Ir Além de sua vida: minha mãe deu a ele um ultimato.

"Ou você fica sóbrio ou perderá sua família. Não lhe darei outra chance", disse-lhe ela.

Nunca me esquecerei do que meu pai me disse quando se deparou com essa situação.

"Eddie, vou me ausentar por um tempo e parar de beber. Quando eu voltar, você terá o pai que merece. Suas irmãs terão o pai que merecem. E sua mãe terá um marido digno dela."

Eu já tinha ouvido isso antes e queria desesperadamente acreditar nele. Então, perguntei a ele: "Por que vai ser diferente desta vez?"

Eu nunca tinha visto meu pai chorar antes, mas, naquele dia, com lágrimas nos olhos, ele disse: "Eu recebi uma chance a mais, Eddie."

Um Último Momento para Ir Além.

Meu pai, que lutou contra o vício e tentou ficar sóbrio várias vezes, levou essas palavras a sério. As apostas agora eram tão altas que falhar novamente não era mais uma opção.

Esta é a lição que tirei disso e que desejo compartilhar com você:

Vincular grandes razões emocionais ao que você deseja realizar é a chave para saber a razão pela qual estará disposto a enfrentar as difíceis lutas associadas à mudança.

Esses motivos para mudar devem ser incrivelmente mais significativos do que os obstáculos que enfrentará, de modo que sejam insignificantes em comparação. Se me mostrar alguém com motivos grandes o suficiente para mudar a própria vida, eu lhe mostrarei alguém capaz de realizar essa mudança.

Muitas vezes me perguntam onde encontrar esses motivos.

Você não precisa olhar além dos seus sonhos ou das pessoas em sua vida.

Para meu pai, o difícil desafio de ficar e permanecer sóbrio não era nem de longe tão significativo quanto o motivo da mudança, isto é, a possibilidade catastrófica de perder a família. Para ele, como um pai de família dedicado e amoroso, não havia perda mais significativa do que se afastar de sua família.

Até aquela época, meu pai era um homem que não tinha vivido todo o seu potencial.

Ele sabia disso. Também sabia que tinha que mudar. E assim o fez.

■ ■ ■

Meu pai não buscou pela redenção quando ficou sóbrio. Mas foi exatamente isso que encontrou.

Parte dela é revelada nas páginas deste livro. Embora eu as tenha escrito, as coisas que você leu são um legado que compartilho com ele.

Muitas vezes me perguntam como entrei no ramo de ajudar as pessoas.

Não foi por acaso. Foi por causa do meu pai.

O *poder de ir além* é o resultado direto da influência dele sobre mim. Meu desejo de ajudar os outros reflete a determinação de meu pai em dedicar sua vida a ajudar aos outros ao atingir a sobriedade.

Por meio de seu trabalho com os Alcoólicos Anônimos, meu pai adotou a ideia de viver um dia a mais sóbrio, o mantra principal do AA. Na verdade, essa se tornou a maior premissa de sua vida.

Isso pode soar como uma coisa pequena a superar se você nunca lutou contra o vício. Mas, no mundo de um alcoólatra, vencer essa luta um dia de cada vez significa tudo.

Uma vez comprometido com isso, meu pai não tentou ficar sóbrio todos os dias restantes de sua vida. Ele tentou ficar sóbrio um dia a mais em sua vida. Um dia de cada vez, empilhados uns sobre os outros até que os dias se tornassem semanas, meses e, então, anos. A diferença de mentalidade significa tudo para um alcoólatra em recuperação.

Se você estiver lendo isso e pensando em desistir de seu sonho, de um negócio iniciado ou de algo importante para você, não se pressione para atingir essa meta durante cinco anos, dez anos ou pelo resto da sua vida. Em vez disso, pense em não desistir e aguentar mais um dia.

Obtenha o progresso ao dar um pequeno passo Além de cada vez. Torne seu objetivo de não desistir administrável e fácil de alcançar. Tudo o que você precisa fazer é suportar o hoje. Amanhã, comece de novo e conquiste suas batalhas com a mentalidade de um Último Momento para Ir Além.

Em seus momentos mais sombrios e desafiadores, sei que muitos de vocês pensaram em abandonar tudo e desistir. Quando esses pensamentos lhe ocorrerem, espere mais um dia.

Não desista por mais um dia.

Como mencionei, por muito tempo, não percebi completamente que toda a premissa da minha vida vinha de meu pai, suas tentativas de ficar sóbrio e sua crença em um Último Momento para Ir Além. Mas foi exatamente assim que ele viveu os últimos 35 anos de sua vida.

Vale a pena repetir porque essa é *a* lição deste livro.

■ ■ ■

Meu pai teve de lidar com a doença pulmonar obstrutiva crônica (DPOC) por anos, mas ainda conseguia se virar bem na maior parte do tempo. E, então, um dia começou a respirar pesado durante uma de nossas rodadas de golfe.

Um mês depois, ele foi diagnosticado com lipossarcoma, um tipo raro de câncer que se desenvolve em tecidos adiposos e pode crescer em qualquer parte do corpo. Pouco depois disso, meu pai passou por uma cirurgia de 12 horas para remover um tumor do tamanho de uma bola de futebol americano do peito.

Ele nunca reclamou das cirurgias, da quimioterapia, da radioterapia, dos medicamentos e de outros tratamentos que se seguiram. Escondeu de nós a gravidade de sua doença, pois sabia que ficaríamos chateados se soubéssemos a extensão de seu sofrimento.

Meu pai lutou contra o câncer por nove longos anos antes de falecer de complicações respiratórias relacionadas em 30 de outubro de

2020, menos de um ano atrás, no momento que escrevi isto. Ele tinha 72 anos.

Há um vazio esmagador em minha vida no lugar onde ele costumava estar. Sinto falta dele mais do que tudo e ainda sofro por não tê-lo por perto. Anseio por nossas conversas e pelo tempo que passamos juntos.

Embora eu espere que o buraco que ele preenchia em minha vida diminua com o tempo, no fundo, sei que continuarei a sentir falta dele todos os dias que permanecer nesta Terra.

A magia do tempo é que ele nos permite curar e refletir, e é exatamente isso que tenho feito desde a morte de meu pai. É um processo contínuo, mas consegui dar certa perspectiva sobre a vida dele e como todos nós podemos tirar lições importantes de quem Edward Joseph Mylett Jr. foi e continua sendo.

■ ■ ■

Há três coisas que eu quero que você saiba sobre o Último Momento para Ir Além:

1. **Viva uma vida em que procura dar um passo além sempre que puder.**

2. **O Último Momento para Ir Além funciona melhor quando você trata cada dia como uma nova vida.**

3. **Entenda que nunca é tarde demais para um Último Momento para Ir Além.**

■ ■ ■

Ao viver e se utilizar desse conceito sempre que puder, você abordará a vida com um alto grau de urgência.

E se você só pudesse dançar uma Última vez com a pessoa que ama? E se pudesse ter apenas uma Última conversa com seus filhos? O que diria a eles e como? Pense em sua vida como se tivesse apenas uma última chance de dizer ao seu cônjuge que o ama.

Pense em como agiria se, como meu pai, tivesse uma Última chance de ser o pai, o irmão, o filho ou o amigo que sempre quis ser? Ao abordar a vida com a mentalidade de ter um Último Momento para Ir Além, suas prioridades se tornam claras. Você se torna mais grato pelos dons de Deus que lhe foram dados. Respeita e aprecia o tempo.

E torna-se um ser humano melhor.

Este é o melhor exemplo que posso contar de como essa mentalidade impactou meu relacionamento com meu pai:

Meu pai e eu gostávamos de jogar golfe. Quando eu era jovem, jogávamos partidas no El Prado Golf Course em Chino, Califórnia. Para nós, ele se tornou nosso refúgio, um lugar onde poderíamos relaxar, rir e compartilhar nossos pensamentos e problemas um com o outro.

Tínhamos discussões animadas sobre política o tempo todo. Conversávamos também sobre espiritualidade, o sentido da vida e sobre seus filhos e netos. Em nossos momentos mais tranquilos, ele refletia sobre alguns dos arrependimentos de sua vida, principalmente sobre as oportunidades não aproveitadas.

Apesar de sentir orgulho de mim, meu pai sempre enfatizou que, embora meu sucesso nos negócios fosse além do admirável, eu deveria entender que meu relacionamento com minha família e amigos era o que mais importava. Ele se importava pouco com as casas que eu possuía, minha riqueza e outros resultados do sucesso. Em vez disso, estava mais preocupado com o homem que eu era, como eu tratava as pessoas, a diferença que eu fazia no mundo e se levava uma vida boa e virtuosa.

O que ele valorizava continua sendo uma das lições mais importantes que já me ensinou. Isso me manteve com os pés no chão até hoje.

Nossas conversas eram profundas e, com o passar dos anos, ele se tornou a única pessoa que sabia tudo sobre mim. Mesmo quando me aproximei dos 50 anos, ele era a primeira pessoa a quem ligava para pedir conselhos. Na verdade, meu pai foi a única pessoa a quem ligava para pedir conselhos. Também era a primeira pessoa para quem eu ligava sempre que algo acontecia, bom ou ruim.

Quando minha carreira decolou e comecei a ter certo sucesso, quis dar a meu pai o presente de jogar em um dos melhores campos de golfe do mundo.

Então, por volta das férias de Natal, por muitos anos, nós dois viajávamos para Pebble Beach para uma escapadela anual de golfe entre pai e filho. Uma pequena medida de agradecimento por tudo o que ele me deu, e esses momentos estão entre os mais significativos da minha vida.

Fosse em El Prado ou em Pebble Beach, essas viagens não eram sobre golfe, mas sobre um tempo juntos. Poderia facilmente ser sobre ir pescar, dirigir carros clássicos, assistir a um jogo ou quaisquer interesses comuns que pais e filhos desfrutam juntos.

Embora eu fosse adulto, precisava do meu pai mais do que nunca. Como um pai com meus próprios desafios, ele forneceu conselhos sábios e um lugar onde eu poderia buscar conselhos para a vida, como só um pai pode dar.

Sinto falta de tantas coisas dele, mas sinto mais falta dessas partidas de golfe. Sempre senti que eram importantes, mas agora que meu pai se foi, elas assumiram um novo nível de significado. Não se engane, não é do golfe que sinto falta. São das horas que passei com meu pai, apenas compartilhando o tempo.

Eu daria qualquer coisa por uma última rodada de golfe com meu pai.

■ ■ ■

Por muitas vezes, ainda me recuso a acreditar que ele se foi.

Meses depois de sua morte, me apresentei para um público de milhares de pessoas e mal podia esperar para descer do palco para ligar para meu pai. Assim como nas conversas anteriores, fiquei empolgado para contar o que deu certo e o que poderia ter feito melhor.

Não foi até que a adrenalina deixou meu corpo e eu estava nos bastidores sozinho que percebi que não poderia mais fazer isso.

Não sei dizer quantas vezes tive essa mesma adrenalina e sensação estranha desde a morte de meu pai. Mas posso dizer com certeza que a clareza do que um Último Momento para Ir Além significa em todas as partes da minha vida nunca foi tão grande.

Se você não tirar mais nada deste livro, aviso-lhe agora que, se há alguém importante em sua vida, comece a viver com uma mentalidade de um Último Momento em relação a ela. Valorize cada segundo que passam juntos e vivam sua vida de maneira que a deixe orgulhosa e feliz.

Não espere!

Meu pai ficaria envergonhado se pensasse que este livro era sobre ele. Para o bem dele e para o meu, não é. Este livro é sobre você e sua família, sua alma, seus relacionamentos com os outros e os legados que deixará.

Estou apenas usando meu relacionamento com meu pai para ajudá-lo a entender por que viver uma vida com essa mentalidade é o estado de espírito urgente de que precisa para viver sua melhor vida possível.

■■■

A segunda coisa que quero que você entenda é que, para apreciar plenamente o Último Momento para Ir Além, trate cada dia como uma nova vida.

Nada é garantido.

Você ou alguém de quem gosta pode estar aqui em um momento, mas não no seguinte.

Cada segundo que permanece vivo é uma benção, e você deve ser grato por cada um deles. Aprenda a apreciar as coisas, grandes e pequenas, e as pessoas que Deus colocou em sua vida.

Livre-se dos pensamentos e das pessoas que o sobrecarregam. Ao fazer isso, você as substituirá por oportunidades e relacionamentos que foram feitos para você. Suas prioridades mudarão à medida que se livrar do passado. Muitas pessoas ficam presas na areia movediça de suas memórias e se perdem desnecessariamente em culpa, raiva e rancores passageiros que só prejudicam a si mesmas.

Em vez disso, ao acordar de manhã, diga a si mesmo: **"A cada dia que permaneço vivo, eu renasço."**

Ao abrir mão do seu passado, você criará espaço para o aqui e agora. Traga a energia e o entusiasmo para a sua vida por meio da natureza fugaz do Último Momento para Ir Além. Direcione sua energia para o que importa, e não para coisas que destruirão sua paz de espírito e seus relacionamentos com os outros.

Ao tratar cada dia como uma nova vida, encontrará mais prazer e felicidade nas coisas que lhe fazem bem. Se precisar ter uma conversa de Último Momento para Ir Além com alguém, um último abraço antes de um adeus ou uma última dança antes que a pessoa amada vá embora, faça isso com a mente clara, livre do lixo mental que o impede de viver melhor.

Não estrague o dia de hoje arrastando esse lixo por aí. Em vez disso, jogue-o fora e mantenha aquilo que importa.

■ ■ ■

A terceira e última coisa a saber é que nunca é tarde para um Último Momento para Ir Além.

Depois que meu pai morreu, encontrei várias fichas enquanto guardava algumas de suas coisas. Havia códigos rabiscados como "1-4, JL" e "1-3, PT" em cada uma delas. Elas estavam espalhadas em sua penteadeira e coladas no espelho do banheiro. Esses códigos eram datas e as iniciais do nome de alguém, e havia centenas deles.

Logo descobri que cada um daqueles cartões representava uma pessoa que meu pai ajudou a ficar sóbrio, e as datas eram o aniversário de sobriedade dessa pessoa.

Esta é a parte mais notável: nessas datas, meu pai ligava para aquela pessoa, desejava-lhe um feliz aniversário de sobriedade e a parabenizava. Sua mensagem para eles era simples. Tudo o que você deve fazer é ficar sóbrio por MAIS UM DIA.

Ele fazia essas ligações centenas de vezes por ano. Todo ano. Inclusive nos últimos dias de sua vida.

Mesmo quando estava no oxigênio, lutando para respirar e mal conseguia sussurrar, ele estendeu a mão e fez ligações para as pessoas em suas fichas. Embora estivesse com muita dor e em agonia, e soubesse que faleceria em breve, meu pai sentia que precisava ajudar mais uma pessoa.

Ninguém estava olhando. Ninguém saberia se ele havia feito essas ligações ou não. No entanto, como ele viveu uma vida tentando Ir Além, essa foi uma oportunidade para ajudar um ser humano uma Última vez. No fim, o Último Momento para Ir Além do meu pai foi um telefonema para outra pessoa necessitada pouco antes de falecer.

Nunca fiquei tão emocionado ou orgulhoso dele. Seus gestos tranquilos, gentis e humildes continuam sendo um profundo exemplo de serviço aos outros que talvez eu nunca atinja.

Agora você sabe por que decidi seguir a minha sincera missão de tentar ajudar o maior número possível de pessoas em minha vida.

Faço isso para honrar meu pai.

Ao voltar da iminência de perder sua família e tudo pelo que trabalhou, meu pai encontrou propósito e redenção. Aproveitou ao máximo a chance que um Último Momento para Ir Além lhe permitiu. Nosso ser físico morre e, em algum momento, deixamos esta Terra. Mas o legado do Último Momento para Ir Além de meu pai viverá através dos tempos.

Todos nós deveríamos ter a sorte de viver nossas vidas tão bem.

■ ■ ■

Deus, em Sua infinita sabedoria, nos deu o poder do perdão. Leve esta benção a sério. Se tem um relacionamento desafiador com uma pessoa amada, encontre uma maneira de deixarem suas diferenças de lado.

Você simplesmente não tem como saber o que virá a seguir.

Ao decidir tornar o Último Momento para Ir Além uma prioridade em sua vida, você não apenas aliviará as correntes de outra pessoa sobre si, mas também aliviará as correntes da vida.

Enquanto observava meu pai dar seus últimos suspiros, ocorreu-me que, um dia, todos nós enfrentaremos nosso Último Momento para Ir Além.

Nosso último ano na Terra.

Nosso último mês, última semana e nosso último dia.

Nossa última hora.

E muito em breve, nosso último suspiro.

Você não pode controlar o final, mas pode controlar o meio.

Sua capacidade de viver da melhor forma será moldada, em grande parte, pelos vários "Ir Além" que revelei neste livro. Esses pensamentos e ações construirão a história de sua vida para que, quando der o último suspiro, possa se orgulhar da vida que viveu.

Não espere que o Último Momento o encontre.

Vá atrás dele com urgência e propósito.

Você desbloqueará a lição mais difícil e essencial que pode aprender ao fazer isso.

E, ao fazer isso, poderá desvendar o segredo da própria vida.

Índice

Sobre o Autor

Ed Mylett é um empresário altamente bem-sucedido que combinou suas experiências únicas com um conjunto diversificado de estratégias práticas que o tornaram um dos palestrantes inspiradores mais procurados do mundo atualmente.

Quando jovem, frequentou a Universidade do Pacífico em Stockton, Califórnia, onde foi considerado três vezes o melhor jogador de futebol americano universitário antes de uma lesão prematura acabar com seu sonho de jogar nas ligas principais.

Por insistência de seu pai, Ed se tornou um conselheiro para crianças carentes, e foi nesse lugar que passou por um dos momentos mais decisivos de sua vida. Foi lá que começou a entender a importância de servir aos outros e estabelecer as bases para os princípios de sucesso que colocaria em prática mais tarde em sua vida.

Ed é um empreendedor em série que obteve um sucesso considerável em parte por causa de sua ética de trabalho inigualável e capacidade de incentivar as pessoas com suas apresentações dinâmicas e energéticas. Ao longo dos anos, ele esteve envolvido em vários empreendimentos tecnológicos, imobiliários, médicos e alimentícios, entre muitos outros, levando-o a ser nomeado o líder mais influente do SUCCESS 125 da *Success Magazine* em 2022.

Com um forte desejo de ajudar as pessoas, Ed começou a compartilhar suas estratégias inspiradoras e de desempenho ao vivo e online. Em quatro curtos anos, ele acumulou mais de 2 milhões de seguidores no Instagram, escreveu um livro best-seller e lançou um popular podcast semanal, *The Ed Mylett Show*. Ed gosta muito de se envolver com seus seguidores e é ativo em várias redes sociais, onde suas postagens são vistas vários milhões de vezes por mês.

Como orador principal, Ed já se apresentou para milhões de pessoas. Ele é igualmente hábil em fornecer estratégias de fácil identificação pessoal em reuniões íntimas, em arenas com 50 mil pessoas ou online, com uma audiência de centenas de milhares.

Ele é conhecido por combinar espiritualidade, fé, o funcionamento interno da mente, pensamentos e ações táticas para ajudar as pessoas a produzir mudanças reais em suas vidas.

Ed permanece humilde sobre seu sucesso e atribui sua boa sorte à sua fé em Deus, seus mentores e as lições que seu pai lhe ensinou ao longo da vida.

Em seu tempo livre, é um ávido jogador de golfe, entusiasta da saúde e de levantamento de peso. Ele e sua esposa Kristianna são pais orgulhosos de dois filhos adultos.

Este livro foi impresso nas oficinas gráficas da Editora Vozes Ltda.,
Rua Frei Luís, 100 – Petrópolis, RJ.